国家古籍整理出版专项经费资助项目

中国禅宗典籍丛刊

大慧书

[宋]宗杲 撰
吕有祥 吴隆升 校注

中州古籍出版社
·郑州·

图书在版编目（CIP）数据

大慧书 /（宋）宗杲撰；吕有祥，吴隆升校注．—郑州：中州古籍出版社，2008．1（2021．4重印）

（中国禅宗典籍丛刊）

ISBN 978-7-5348-2708-2

Ⅰ.①大… Ⅱ.①宗…②吕…③吴… Ⅲ.禅宗–中国–宋代 Ⅳ.① B946.5

中国版本图书馆 CIP 数据核字（2007）第 113904 号

DAHUI SHU

大慧书

策划编辑	卢海山　刘　晓
责任编辑	高林如
责任校对	温向苏
美术编辑	曾晶晶

出 版 社	中州古籍出版社（地址：郑州市郑东新区祥盛街27号6层　邮编：450016　电话：0371-65723280）
发行单位	新华书店
承印单位	河南博纳印务有限公司
开　　本	890 mm×1240 mm　1/32
印　　张	7.375
字　　数	145 千字
版　　次	2008 年 1 月第 1 版
印　　次	2021 年 4 月第 2 次印刷
定　　价	26.00 元

本书如有印装质量问题，请与出版社调换。

图一 大慧《与无相居士尺牍》

注：此大慧宗杲手书来源于二〇〇六年六月法音法师为『菩提达摩与禅宗文化国际研讨会』提供的大慧手书影印本

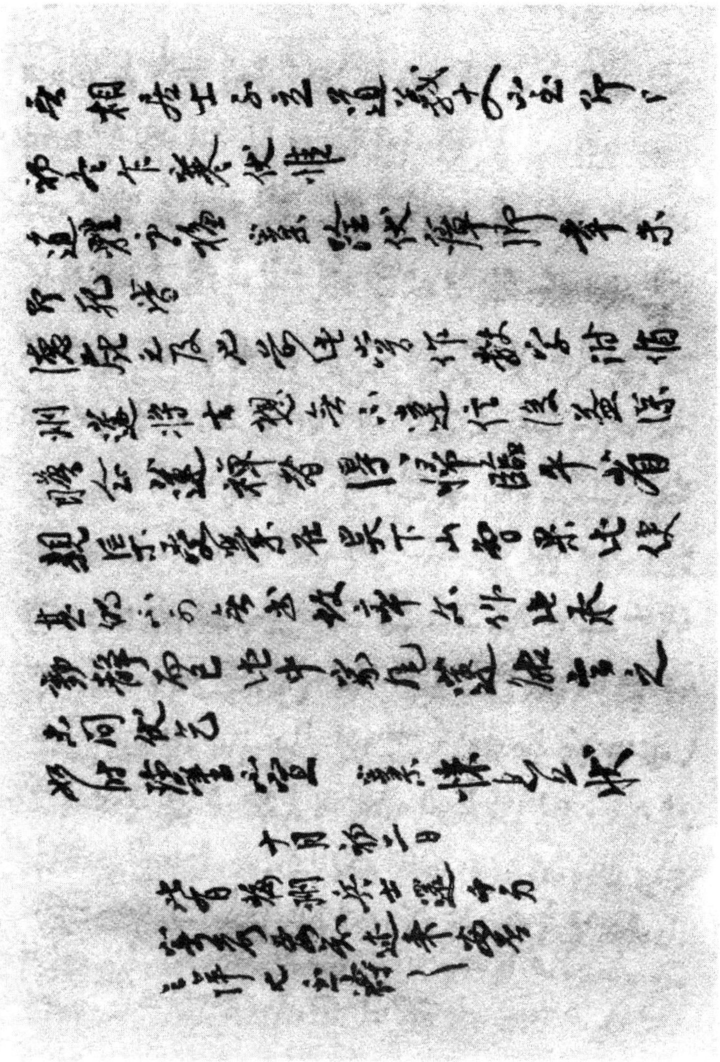

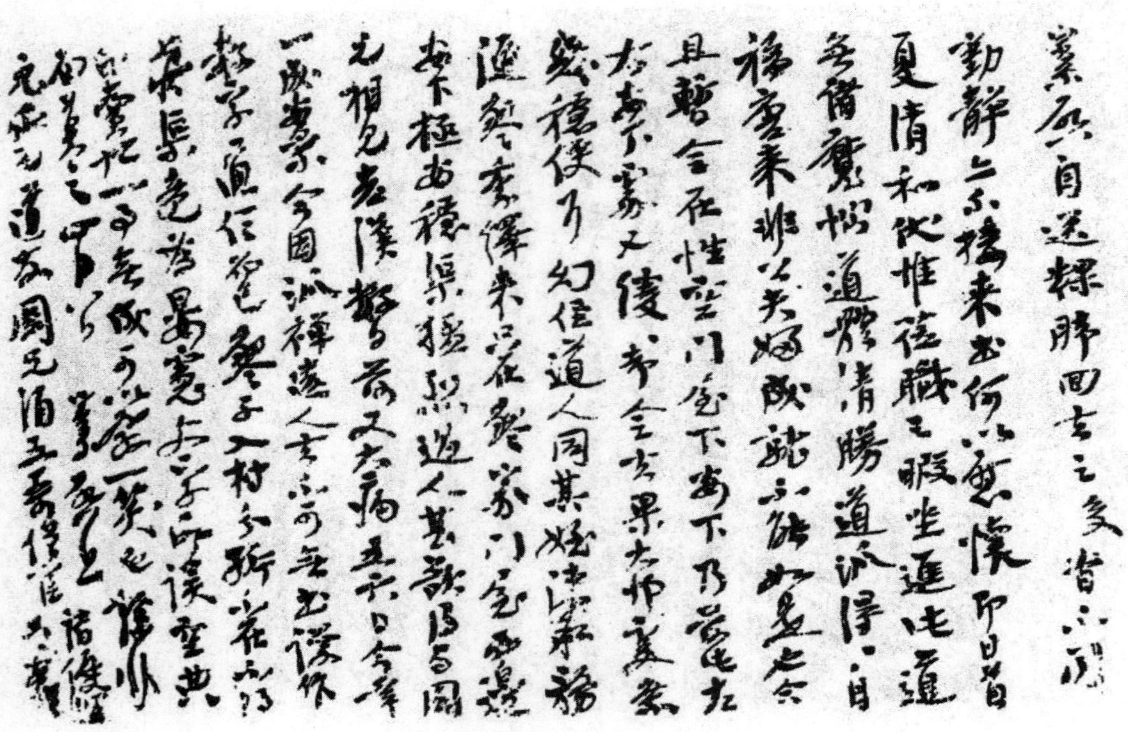

图二 大慧《尺牍》（衡阳流谪时期）

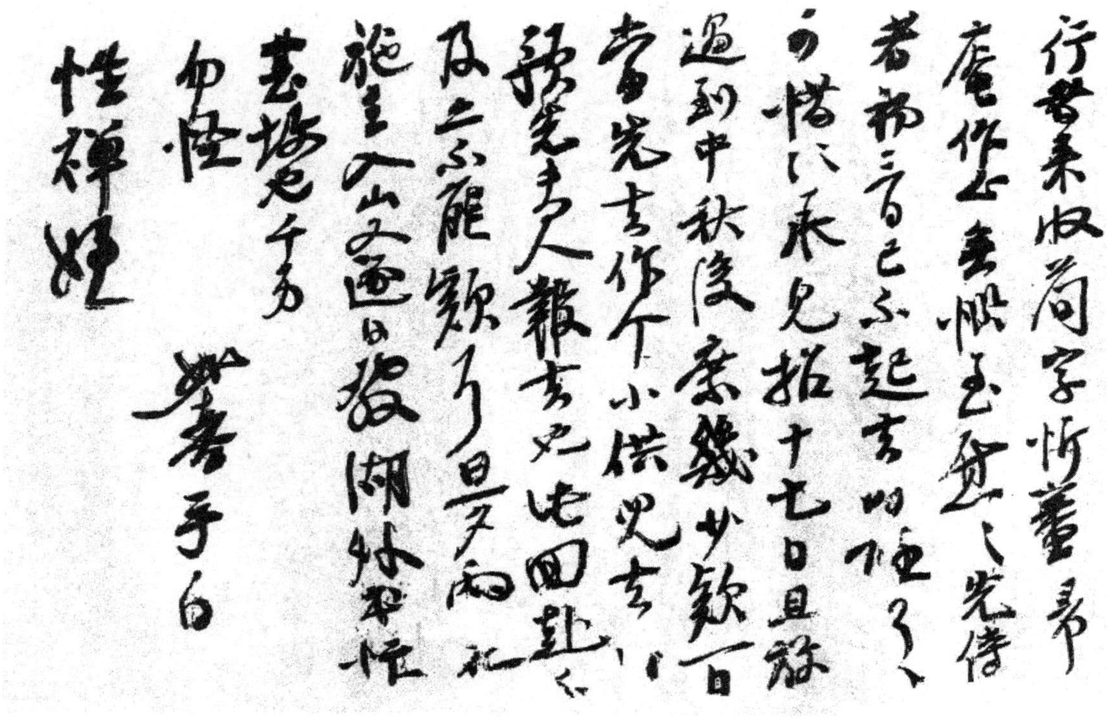

图三 大慧《与性禅侄尺牍》

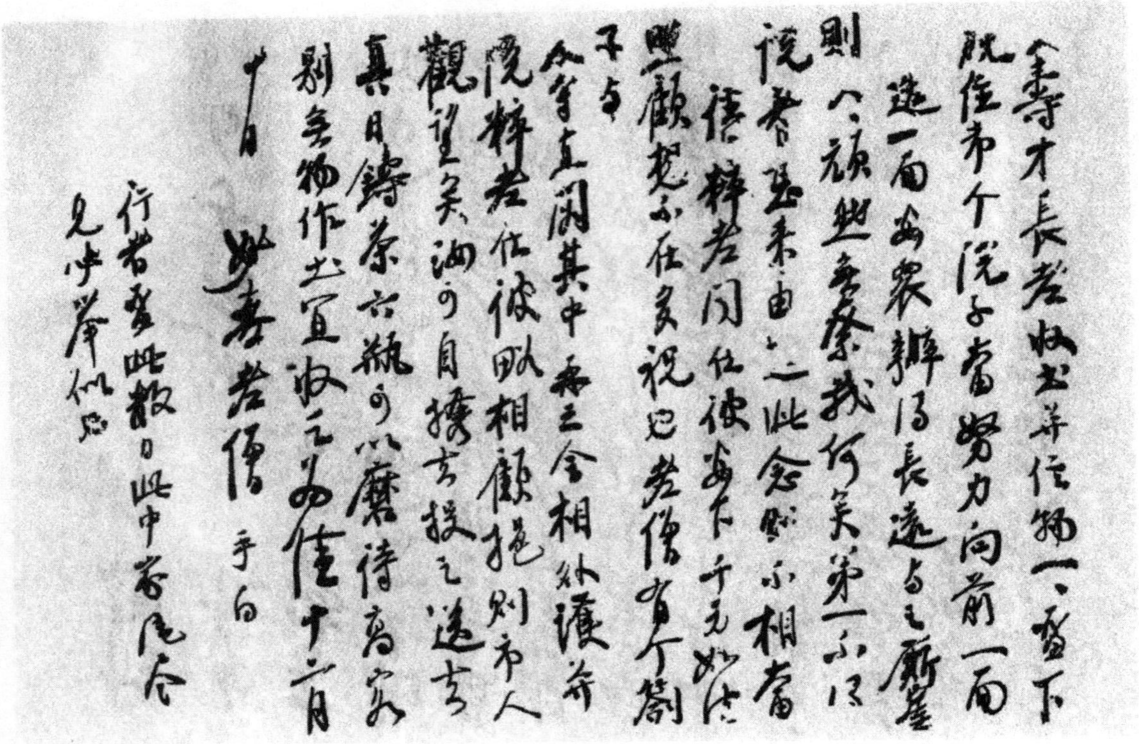

图四　大慧《与万寿才长老尺牍》

总　序

在中国传统文化中，儒学、佛教和道教鼎足而立，是三个最主要的组成部分。它们在相互排斥的同时又相互吸收，共同丰富和发展了中华民族的文化。

佛教本是从印度传来的外来宗教，然而它在中国这块辽阔丰饶的具有悠久历史文化的国土上传播，经过漫长岁月，已经与中国传统文化和宗教习俗密切结合，演变成中国的民族的主要的宗教。隋唐时期具有民族特色的佛教宗派的创立，标志着佛教中国化历程的基本结束，此后进入中国佛教的持续发展时期。在这些佛教宗派中，天台宗、华严宗和禅宗是最富有民族特色的宗派。在它们的蕴涵深刻哲学思辨内容的教义理论中，有说色空、色心和体用相即的宇宙存在论，有论善恶、净染的心性论，有讲出世不离世间的修行解脱论，有用以沟通色空、色心和体用的"不二"的方法论……这些在中国历史文化，特别是在哲学思想领域都产生过极为深远的影响。研究中国历史文化，研究中国哲学思想都离不开对佛教的考察和研究，这早已成为人们的共识。

禅宗虽奉北魏时期来华的印度僧菩提达摩为初祖，但从历史真实情况考察，实际创立者应是被后世禅宗奉为四祖、五祖的道信（580~651）和弘忍（602~675）。在弘忍去世之后，他的门下形成以神秀（约606~706）及其弟子普寂（651~739）为代表的北宗，以惠能（638~713）及其弟子神会（668或686~760）、行思（？~740）、怀让（677~744）为代表的南宗。在"安史之乱"（755~763）后，北宗逐渐衰微以至湮灭无闻，而南宗则迅速传遍大江南北，日益昌盛，并在唐末五代形成禅门五宗——临济宗、沩仰宗、曹洞宗、云门宗、法眼宗。进入宋代，临济宗又分成杨岐、黄龙二派。两宋是禅宗发展史上的鼎盛时期，它一跃而成为中国佛教宗派中的主流派，在当时社会的各个阶层和文化思想领域都有很大的影响。此后，中国儒、释、道三教日益会通融合，佛教内部各宗也互相融通，禅宗与净土念佛信仰的结合最为密切，以至形成"念佛禅"。

禅宗虽标榜"以心传心，不立文字"，但从实际情况来看，它的文字著述最多，形式也多种多样，其中禅法语录最多。记录惠能言行的语录有《六祖坛经》，记录神会言行的语录有《菩提达摩南宗定是非论》等，此后怀让、马祖、怀海、希运以及禅门五宗的创始人义玄、灵祐和慧寂、良价和本寂、文偃、文益，后世各宗著名禅师几乎都有语录行世。语录有别集，有合集。在语录集子中既有禅师在开堂、上堂、小参、普说等各种场合的说法记录，也有师徒间的答问；有对前人公案的评说——拈古，也有评述这些公案的偈颂——颂古；有代前人回答质询的代语，也有在前人答语之外另作答语的别语；还有书信、法语、序跋、碑铭、题赞、札记、遗表等。在语录中，有贴近当时民众的通俗白话，有含意清丽玄远的诗偈；在语录外，有卷帙浩繁的史传，包括以语录为主的灯史、以记事为主的传记、按编年记述的通史。此外，还有论议、杂著、清规等。这些数量庞大的禅宗文献，无疑是我国宝贵的文化遗产。

我国在20世纪70年代末实行改革开放政策以后，随着社会科学界对宗教研究的深入展开，在对佛教文献的研究和整理、出版方面也取得很大的成绩，为从事佛教研究的人员和社会上广大读者提供了不少经过校订注释的有价值的佛教参考资料。然而在大量佛教文献面前，为了让研究者和读者使用方便，有必要按类别选择其中最重要的文献进行研究和整理，分阶段地做校勘、标点和注释出版。

现在奉献在诸位面前的《中国禅宗典籍丛刊》是一套中国禅宗系列的文献选编，其中收录了中国禅宗的部分重要史书、语录和清规等文献，皆请学者依据较好的版本做了校勘、分段和标点，并且一律改用现在通用的简化字。虽然所收文献的数量不是很大，但在目前公开出版的禅宗著述较少的情况下，这一套丛书的出版一定会给从事佛教禅宗研究和中国哲学、文史研究的学者和广大读者带来不少方便。我们深知此项工作并非轻而易举，希望边工作边改进，谨望读者今后经常给我们提出建议，不吝赐教，以便把这一工作做得更好。

杨曾文
1998年2月9日

前 言

大慧宗杲，是两宋之际禅宗临济宗杨岐派高僧，看话禅的极力倡导者。生于北宋哲宗元祐四年（1089），卒于南宋孝宗隆兴元年（1163），宣州宁国（治今安徽宁国）人，俗姓奚，字昙晦，号妙喜。十二岁（一说十七岁）于东山慧云寺出家，先后参访洞山微、湛堂文准等禅师。徽宗宣和七年（1125），嗣法圆悟克勤禅师，克勤以其所著《临济正宗记》付嘱之。宗杲不久登坛说法，名震京师。次年，朝廷应丞相吕舜徒之奏，赐宗杲紫衣及"佛日"之号。

金兵入侵中原，宋王室南迁，都临安（今浙江杭州）。宗杲南下，辗转江苏、江西、湖南、福建、浙江等地。高宗绍兴七年（1137），应右丞相张浚之请，住持临安（今浙江杭州）径山能仁寺，诸方云集，大振宗风。绍兴十一年（1141），主战派大臣张九成随宗杲习禅，二人议及朝政，触怒秦桧，宗杲被剥夺衣牒，流放衡州（今湖南衡阳）。绍兴二十年（1150）更贬迁至梅州（今广东梅县）。绍兴二十五年（1155）遇赦，后奉旨再住临安径山，四方道俗闻风而集，座下常数千人，世称"径山宗杲"，宋孝宗赐号"大慧禅师"，卒谥"普觉禅师"。

中国禅宗自慧能革新至宋代，其禅风经历了数次转变。慧能及其弟子南岳怀让、青原行思等人，以正面宣说禅法的方式，启发学人明心见性。之后，马祖道一、百丈怀海等人代表的洪州禅，强调无修无证，在正面宣说禅法的基础上，辅之以机锋等灵活多样的方式启悟学人。晚唐五代，禅宗五家分灯，虽然门庭施设各异，而机锋棒喝成为共同的时尚。进入宋代，在机锋棒喝禅风流行的同时，出现了热心于编辑、颂扬古代禅师机缘语句，作为参禅悟道资粮的文字禅，和专注于"摄心静坐，内息攀缘"的默照禅。

大慧宗杲认为棒喝禅、文字禅、默照禅都有弊端，不足以使人悟道，因而力倡只看古代禅师话头的看话禅。大慧宗杲的看话禅，受到僧俗各界信众重视，宗杲去世未久便"道价愈光，法嗣日盛，天下学禅者，仰之如泰山北斗"①。看话禅成为在两宋之后极具影响的禅法。时至今日，看话头仍作为禅僧的基本参禅方法。

大慧宗杲不仅以极力倡导看话禅而著名，而且以其忠君忧国的情怀受到世人崇敬。宗杲说自己"虽学佛者，但爱君忧国之心与忠义士大夫等"②。时人也称他平生"以道德节义勇敢为先"，"不趋权势，不苟利养"，"临生死祸患视之若无"。③曾任丞相的主战派张浚在为宗杲作的《塔铭》中写道："师虽为方外士，而义笃君亲。每及时事，爱君忧时，见之词气……使为吾儒，岂不为名士！"

---

① 祖琇：《僧宝正续传》卷六《径山杲禅师》。
② 《大慧语录·示成机宜》卷二十四。
③ 净善：《禅林宝训》卷四。

大慧宗杲的禅学思想资料，有其自著《正法眼藏》六卷、弟子们汇编的《大慧普觉禅师语录》三十卷、《大慧普觉禅师宗门武库》一卷、《大慧普觉禅师普说》五卷、《大慧普觉禅师书》二卷，以及《大慧普觉禅师法语》三卷等。另有其门人祖咏编撰《大慧禅师年谱》一卷，记载了大慧宗杲一生的行履事迹。

《大慧普觉禅师书》（简称《大慧书》）是大慧宗杲指导士大夫弟子学佛参禅的书信集。《大慧书》收录了大慧宗杲和上至丞相下至知县等四十名士大夫（其中一名是出自士大夫阶层的女性）及两名僧人的来往书信六十二篇。在这些书信中，大慧宗杲表达了他对当时禅界各种禅法的看法，阐述了他提倡的看话禅的主张和具体方法，回答了士大夫在学佛参禅中遇到的各种困惑和问题，内容十分丰富。因此《大慧书》受到历代僧俗信众的推崇，如明代僧人元贤（1578~1657）就说："观今日禅家病，全皆最下证……不但不能传佛印，正佩魔王印也。唯有宋妙喜老人者，其所示书简，皆直扶根株，深探巢穴，正为今日秦缓金针也。"①

本书校注以《中华大藏经》所收影印明永乐北藏本为底本，以日本《大正新修大藏经》（简称大正本）、《卍正藏经》（简称卍本）为对校本，以杨曾文先生提供的日本学者荒木见悟校注《禅的语录·大慧书》（简称荒本）为参校本。

此次校注，对《中华大藏经》本依永乐南藏本、径山藏本所作的校勘加以采用；对底本与诸校本中出现的涉及文意的文

---

① 元贤：《鼓山晚录》卷三《示卓生禅人》。

字差异均作校记;对底本中的明显错字依校本改正,并作校记,对校本中的明显错字、异体字,不作校记;对底本中的古体字径改为现今通行字,不作校记。

底本永乐北藏本收录的《大慧书》为《大慧普觉禅师语录》三十卷中的第二十五卷至三十卷。此次校注依次改作卷一至卷六。

附编"大慧宗杲生平思想资料辑录",选自《四库全书》本。

目 录

卷一

一、答曾侍郎天游　第一书（附问书）……………… 3

二、答曾侍郎天游　第二书 ……………………………… 13

三、答曾侍郎天游　第三书 ……………………………… 16

四、答曾侍郎天游　第四书 ……………………………… 19

五、答曾侍郎天游　第五书 ……………………………… 20

六、答曾侍郎天游　第六书 ……………………………… 23

七、答李参政汉老　第一书（附问书）……………… 25

八、答李参政汉老　第二书（附问书）……………… 30

卷二

九、答江给事少明 ………………………………………… 35

十、答富枢密季申　第一书 ……………………………… 37

十一、答富枢密季申　第二书 …………………………… 40

十二、答富枢密季申　第三书 …………………………… 41

十三、答李参政别纸汉老 ………………………………… 43

十四、答陈少卿季任　第一书 …………………………… 44

十五、答陈少卿季任　第二书 …………………………… 49

十六、答赵待制道夫 ……………………………………… 51

十七、答许司理寿源　第一书 ……………………………… 53
十八、答许司理寿源　第二书 ……………………………… 55

卷三

十九、答刘宝学彦修 ………………………………………… 59
二十、答刘通判彦冲　第一书 ……………………………… 65
二十一、答刘通判彦冲　第二书 …………………………… 68
二十二、答秦国太夫人 ……………………………………… 69
二十三、答张丞相德远 ……………………………………… 70
二十四、答张提刑旸叔 ……………………………………… 71
二十五、答汪内翰彦章　第一书 …………………………… 78
二十六、答汪内翰彦章　第二书 …………………………… 81
二十七、答汪内翰彦章　第三书 …………………………… 83
二十八、答夏运使 …………………………………………… 84

卷四

二十九、答吕舍人居仁 ……………………………………… 89
三十、答吕郎中隆礼 ………………………………………… 90
三十一、答吕舍人居仁　第一书 …………………………… 96
三十二、答吕舍人居仁　第二书 …………………………… 98
三十三、答汪状元圣锡　第一书 …………………………… 99
三十四、答汪状元圣锡　第二书 …………………………… 102
三十五、答宗直阁 …………………………………………… 105
三十六、答李参政泰发 ……………………………………… 108
三十七、答曾宗丞天隐 ……………………………………… 109

卷五

三十八、答王教授大授 ……………………………………… 113
三十九、答刘侍郎季高　第一书 …………………………… 115

四十、答刘侍郎季高　第二书 …… 116
四十一、答李郎中似表 …… 117
四十二、答李宝文茂嘉 …… 119
四十三、答向侍郎伯恭 …… 120
四十四、答陈教授阜卿 …… 123
四十五、答林判院少瞻 …… 124
四十六、答黄知县子余 …… 125
四十七、答严教授子卿 …… 126
四十八、答张侍郎子韶 …… 129
四十九、答徐显谟稚山 …… 132
五十、答杨教授彦侯 …… 133
五十一、答楼枢密　第一书 …… 134
五十二、答楼枢密　第二书 …… 136
五十三、答曹太尉功显 …… 137

卷六

五十四、答荣侍郎茂实　第一书 …… 143
五十五、答荣侍郎茂实　第二书 …… 146
五十六、答黄门司节夫 …… 147
五十七、答孙知县 …… 148
五十八、答张舍人状元安国 …… 153
五十九、答汤丞相进之 …… 156
六十、答樊提刑茂实 …… 158
六十一、答圣泉珪和尚 …… 159
六十二、答鼓山逮长老 …… 160

后序 …… 164

谢降赐大慧禅师语录入藏奏札 …… 165

附编一
    大慧宗杲生平思想资料辑录 …………………………… 166
附编二
    大慧宗杲"看话禅"略析 ………………………………… 195
主要参考文献 ………………………………………………… 216
后记 …………………………………………………………… 218

卷一

一、答曾侍郎天游　第一书①

（附问书）

问书：

　　开顷在长沙，得圆悟②老师书，称公晚岁相从③，所得甚是奇伟。念之再三，今八年矣。常恨未获亲闻绪余，惟切景仰。

　　开④自幼年发心，参礼知识，扣问⑤此事。弱冠⑥之后，即为婚宦⑦所役，用工夫不纯，因循至今。老矣，未有所闻，常自愧叹。然而立志发愿，实不在浅浅知见之间，以为不悟则已，悟则须直到古人亲证处，方为大休歇之地。此心虽未尝一念退屈，自觉工夫终未纯一，可谓志愿大而力量小也。

【校注】

①此书大慧宗杲作于南宋高宗绍兴四年（1134）、四十六岁时。曾侍郎，名开，字天游，生卒年不详，原籍赣州，后徙至河南。北宋徽宗崇宁间进士，历任多职，南宋高宗绍兴八年任礼部侍郎兼直学士院。详见《宋史》卷三百八十二、《建炎以来系年要录》卷一百一十九。

②圆悟：即佛果克勤（1063～1135），两宋之际名僧，俗姓骆，字无著，彭州崇宁（今四川崇宁）人。圆悟师承五祖法演，他于《雪窦颂古》百则，加"垂示"、"著语"、"评唱"，

而成《碧岩录》，以提倡文字禅而著名。大慧宗杲、虎丘绍隆等均为其弟子。南宋高宗绍兴五年卒，谥"真觉禅师"。有《碧岩录》十卷、《圆悟佛果禅师语录》二十卷、《佛果击节录》二卷、《圆悟禅师心要》二卷传世。

③据《大慧普觉禅师年谱》，宋徽宗宣和七年，大慧宗杲投圆悟为师学法，圆悟当时已六十二岁，故有此语。

④"开"，卍本、荒本作"某"。

⑤"问"，荒本作"门"。

⑥弱冠：古代男子二十岁行冠礼，表示已经成人，但身体还不强壮，所以称作弱冠，后泛指男子二十岁左右的年纪。

⑦"宦"，卍本作"官"。

  向者痛恳圆悟老师。老师示以法语①六段。其初直示此事②，后举云门③、赵州④"放下著"⑤、"须弥山"⑥两则因缘，令下钝工，常自举觉，久久必有入处。老婆心切如此，其奈钝滞太甚。今幸私家尘缘都毕，闲居无他事，正在痛自鞭策，以偿初志，第恨未得亲炙教诲耳。一生败阙，已一一呈似。必能洞照此心，望委曲提警，日用当如何做工夫，庶几不涉他途，径与本地相契也。如此说话，败阙亦不少，但方投诚，自难隐逃，良可愍也⑦。至扣。

【校注】

①法语：禅师开示禅法之语言文字。

②此事：指证悟佛道、解脱生死轮回，佛教信众所追求的根本大事。

③云门：指云门文偃（864~949），唐末五代名僧。浙江

嘉兴人，俗姓张，师承雪峰义存，其机锋险峻，门风殊绝。后唐同光元年（923），于云门山创建光泰禅院，四众云集。后汉隐帝乾祐元年（948），南汉王刘龑敕赐"匡真禅师"。次年卒，寿八十六。北宋乾德四年（966），宋太祖追谥"大慈云匡真弘明禅师"。有《广录》三卷、《语录》一卷传世。（参见《景德传灯录》卷十九、《五灯会元》卷十五）

④赵州：指赵州从谂（778～897），唐末名僧，师承南泉普愿。俗姓郝，山东曹县（一说山东临淄）人，世称赵州和尚。八十岁时，住赵州观音院，四十年间，大扬宗风。常以"狗子佛性"、"庭前柏树子"等开示参禅者。唐昭宗乾宁四年（897）卒，寿一百二十岁，谥号"真际大师"，后人称之为"赵州古佛"。有《赵州和尚语录》三卷传世。

⑤放下著：《五灯会元》卷四："严阳尊者善信初参赵州，问：'一物不将来时如何？'州曰：'放下著。'师曰：'既是一物不将来，放下个甚么？'州曰：'放不下担取去。'"

⑥须弥山：《五灯会元》卷十五："僧问云门：'不起一念，还有过也无？'门云：'须弥山。'"须弥山，印度古代神话中，屹立于世界中央金轮上的高山，意译为妙高山或妙光山，相传此山由金、银、琉璃、水晶四宝所成，周围有七山、七海、四大洲环绕。佛教将其纳入宇宙图景构成之中。

⑦"也"，大正本作"故"。

答书：

承叙及："自幼年至仕宦①参礼诸大宗匠，中间为科举婚宦所役，又为恶觉恶习所胜，未能纯一做工夫，以此为大罪。又能痛念无常世间种种虚幻，无一可乐，专心欲究此一段大事因缘②。"甚惬病僧意。然既为士人，仰禄为生，科举婚宦世间所不能免者，亦非公之罪也。以小罪而生大怖惧，非无始旷大劫③来承事真善知识④、熏习般若⑤种智之深，焉能如此。而公所谓大罪者，圣贤亦不能免。但知虚幻非究竟法，能回心此个门中，以般若智水，涤除垢染之秽，清净自居，从脚下去一刀两段，更不起相续心，足矣，不必思前念后也。

【校注】

① "宦"，卍本作"官"。后同。

② 一段大事因缘：指众生修证佛法以求摆脱轮回痛苦之事。"大事因缘"一语，原见于《法华经·方便品》："诸佛世尊，惟以一大事因缘故，出现于世。"智颛《法华文句》释"一大事因缘"谓："诸佛觉如实之相，乘此实道出应于世，只令众生得此实相，唯为此事出现于世，曾无他事。"

③ 劫：原为古印度婆罗门教表极大时限的时间单位，佛教沿用，指难以计算的长久岁月。

④ 善知识：又作知识、善友、胜友、善亲友等，指正直有德行，能善巧说法，教人入正道者。智颛《法华文句》云："闻名为知，见形为识。是人益我菩提之道，名善知识。"

⑤ 般若：梵语音译，意译为"智慧"。然在佛教中非指世俗的一般智慧，而是指明见宇宙万法真如实相（即万法本性空寂）的最高智慧。《大智度论》卷四十三云："般若者，秦言智慧。一切诸智慧中，最为第一，无上无比无等，更无胜者。"

既曰虚幻，则作时亦幻，受时亦幻；知觉时亦幻，迷倒时亦幻；过去现在未来皆悉是幻。今日知非，则以幻药复治幻病。病瘥药除，依前只是旧时人。若别有人、有法，则是邪魔外道见解也。公深思之。但如此崖将①去，时时于静胜中，切不得忘了"须弥山"、"放下著"两则语。但从脚下著实做将去。已过者不须怖畏，亦不必思量。思量、怖畏，即障道矣。但于诸佛前发大誓愿。愿此心坚固，永不退失。仗诸佛加被，遇善知识，一言之下，顿亡②生死，悟证无上正等菩提③，续佛慧命，以报诸佛莫大之恩。若如此，则久久无有不悟之理。

【校注】

①崖将：用力参究。

②"亡"，径本作"忘"。

③菩提：梵语音译，意译为觉、智、知、道等，指令人断除世间烦恼而成就涅槃之智慧。《成唯识论述记》卷一云："梵云菩提，此翻为觉，觉法性故。"无上正等菩提，即最高的真正的觉智。

不见善财童子①从文殊②发心，渐次南行，过一百一十城，参五十三善知识，末后于弥勒③一弹指顷，顿亡④前来诸善知识所得法门。复依弥勒教，思欲奉觐文殊。于是文殊遥伸右手，过一百一十由旬⑤，按善财顶曰："善哉！善哉！善男子，若离信根⑥，心劣忧悔，功行不具，退失精勤，于一善根⑦心生住著，于少功德⑧便以为足，不能善巧发起行愿，不为善知识之所摄护，乃至不能了知如是法性、如是理趣、如是法门、如是所行、如是境界；若周遍知、若种种知、若尽源底、若解了、若趣入、若解说、若分别、若证知、若获得，皆悉不能。"⑨

【校注】

①善财童子：《华严经》记述的求道菩萨，曾参访五十三位善知识，最后遇普贤菩萨而成佛。大乘佛教以此作为即身成佛的例证。《华严经·入法界品》云："文殊师利在福城东住庄严幢娑罗林中，其时福城长者子有五百童子，善财其一人也，善财生时，种种珍宝自然涌出，故相师名此儿曰善财。"

②文殊：菩萨名，文殊师利之略称。关于文殊，佛教经典说法不一，或谓其为已成之佛，或谓其为实在人物，亦有称文殊为诸佛菩萨之父母。在佛教中，文殊象征智慧威猛。我国自东晋以来，崇信文殊之风渐盛，成为信众崇拜的四大菩萨之一，相传我国山西五台山为其道场。

③弥勒：菩萨名，意译为慈氏。据传，此菩萨为救度众生，自初发心时即不食肉，以此因缘而名为慈氏。据《弥勒下生经》载，弥勒现住在兜率天内院，是一生补处菩萨，将于住劫中的第十小劫，人寿减至八万岁时，下生世间，于龙华树下成佛，成为贤劫第五尊佛。五代时浙江奉化有一布袋和尚，示寂时曾遗有一偈："弥勒真弥勒，分身千百亿；时时示时人，时人自不识。"世人以之为弥勒化身，依其形象塑笑口常开弥勒像。后流传开来，佛寺中多有供奉。信仰弥勒、往生弥勒净土，是净土信仰之一。弥勒信仰在我国及印度、日本、朝鲜等地都曾流行。晋代的道安、唐代的玄奘、近代的太虚，都是弥勒信仰的支持者。

④"亡"，径本作"忘"。

⑤由旬：古印度里程单位。其具体长度说法不一：（1）《萨婆多毗尼毗婆沙》卷五以四十里为一由旬。（2）《大唐西

域记》卷二载：由旬指圣王一日行军的路程。旧传一由旬为四十里，印度国俗为三十里，佛教则为十六里。（3）《慧苑音义》卷下以十六里或十七里余为一由旬。（4）义净《有部百一羯磨》卷三夹注载，印度国俗为三十二里，佛教为十二里。

⑥信根：三十七道品中的五根之一。信为学佛之根本，根有坚固不动之义，此以草木之根坚固不动喻信心坚定。

⑦善根：又作善本、德本。即产生众善之根本。无贪、无嗔、无痴三者为善根之体，合称为三善根。不善根则与善根相反，贪、嗔、痴三者称三不善根，或称三毒。又，善法为得善果之根本，故亦可称为善根。

⑧功德：《大乘义章》卷九云："言功德，功谓功能，善有资润福利之功，故名为功。此功是其善行家德，名为功德。"《天台仁王经疏》卷上："施物名功，归己曰德。"《胜鬘宝窟》卷上本曰："恶尽言功，善满曰德。又德者得也，修功所得，故名功德也。"

⑨"善哉！善哉！……皆悉不能"一段，引自《华严经·入法界品》（唐实叉难陀译本）。原文"不为善知识之所摄护"句后，有"不为如来之所忆念"句。

文殊如是宣示善财，善财于言下成就阿僧祇①法门，具足无量大智光明，入普贤②门，于一念中悉见三千大千世界③微尘数诸善知识，悉皆亲近，恭敬承事，受行其教，得不忘念智，庄严藏解脱。以至入普贤毛孔刹，于一毛孔行一步，过不可说不可说佛刹微尘数世界，与普贤等、诸佛等、刹等、行等及解脱自在悉皆同等，无二无别。当恁么时，始能回三毒④为三聚净戒⑤，回六识⑥为六神通⑦，回烦恼为菩提，回无明⑧为大智。

【校注】

①阿僧祇：梵语，古印度数目之一，表无量数或极大数之意。据称一阿僧祇有一千万万万万万万万兆。在古印度六十种数目单位中，阿僧祇为第五十二数。

②普贤：菩萨名，又作遍吉。传此菩萨之身相及功德遍一切处，纯一妙善，故称普贤。普贤是大乘佛教行愿的象征，又称大行普贤菩萨，是我国佛教信众崇拜的四大菩萨之一，与文殊同为释迦佛胁侍。相传我国四川峨眉山为普贤菩萨道场，峨眉山也因此成为佛教四大名山之一。

③大千世界：佛教术语。佛教认为，整个世界是由无数小世界所组成，每一小世界中央都有一须弥山，此山矗立在地轮上，地轮下为金轮，再下为火轮，最下为风轮，风轮之外是虚空。须弥山上下大、中间小。日月在山腰，四王天在山腰四面，忉利天在山顶，山顶上空依次有六欲天、色界十八天（初禅三、二禅三、三禅三、四禅九）及无色界四天。在须弥山的山根有七重金山、七重香水海相间环绕，在第七重金山外有碱海，碱海四方有东胜神洲、南赡部洲、西牛贺洲、北俱卢洲四天下。九山、八海、一日月、四洲、六欲天、加初禅三天，为一个小世界。一千个小世界，加二禅三天，为一个小千世界。一千个小千世界，加三禅三天，为一个中千世界。一千个中千世界，加四禅天及无色界天，为一个大千世界。因大千世界中包含三种千世界，故又名三千大千世界。

④三毒：又作三火、三垢，指贪欲、嗔恚、愚痴三种烦恼。三毒为身、口、意产生恶行之根源，又称三不善根，为根本烦恼之首。《大智度论》卷三十四说，三毒分正三毒与邪三

毒，正三毒易度，邪三毒难化；诸佛净土有正三毒，无邪三毒。《摩诃止观》卷六说，正三毒是思惑上的贪嗔痴，邪三毒是见惑上的贪嗔痴。

⑤三聚净戒：指总括大乘菩萨一切戒律的三个分类，即摄律仪戒、摄善法戒、摄众生戒。摄律仪戒要求遵守佛法不作诸恶，摄善法戒要求奉行诸善，摄众生戒要求广修一切善法以利益众生。

⑥六识：指眼、耳、鼻、舌、身、意所产生的六种认识。即眼、耳、鼻、舌、身、意等六根，对色、声、香、味、触、法（思维所涉及的对象）六境，所产生的眼识、耳识、鼻识、舌识、身识、意识。

⑦六神通：又作六通，指六种超人间而自由无碍的能力。即：（一）神足通，又作身通、身如意通、神境通。即自由无碍，随心所欲现身的能力。（二）天眼通，能见六道众生生死苦乐之相，及见世间一切种种形色，无有障碍。（三）天耳通，能闻六道众生苦乐忧喜之语言，及世间种种之音声。（四）他心通，能知六道众生心中之所思所想。（五）宿命通，又作宿住通，能知自身及六道众生之百千万世宿命及所作之事。（六）漏尽通，断尽一切三界见思惑，不受三界生死，而得漏尽神通之力。

⑧无明：意为愚昧、无智慧，不明事理；特指不如实明晓佛教关于宇宙万法和人生之真理。佛教认为"无明"是人造种种恶业、生死轮回的根源。

如上这一络索，只在当人末后一念真实①而已。善财于弥勒弹指之间，尚能顿亡②诸善知识所证三昧，况无始虚伪恶业习气耶？若以前所作底罪为实，则现今目前境界皆为实有。乃至官职富贵恩爱，悉皆是实。既是实，则地狱天堂亦实，烦恼无明亦实，作业者亦实，受报者亦实，所证底法门亦实。若作这般见解，则尽未来际更无有人趣佛乘矣。三世诸佛、诸代祖师种种方便，翻为妄语矣。承公发书时，焚香对诸圣及遥礼庵中而后遣。公诚心至切如此。相去虽不甚远，未得面言。信意信手，不觉忉怛③如许。虽④若繁絮，亦出诚至之心，不敢以一言一字相欺。苟欺公，则是自欺耳。

又记得善财见最寂静婆罗门⑤，得诚语解脱。过去现在未来诸佛菩萨，于阿耨菩提⑥，无已退、无现退、无当退，凡有所求，莫不成满，皆由诚至所及也。公既与竹椅蒲团为侣，不异善财见最寂静婆罗门。又，发云门⑦书，对诸圣遥礼而后遣，只要云门信许，此诚至之剧也。但相听，只如此做工夫，将来于阿耨菩提成满无疑矣。

【校注】

① "真实"，卍本作"实真"。

② "亡"，径本作"忘"。

③ 忉怛：啰唆、唠叨。

④ "虽"，大正本作"谁"。

⑤ 最寂静婆罗门：《华严经》中善财童子所参的第五十位善知识。参见《华严经·入法界品》。

⑥ 阿耨菩提：阿耨多罗三藐三菩提的略称，意译为"无上正等正觉"，指佛所具有的无上智慧。

⑦ 云门：宗杲当时住泉州云门庵，故自称云门。

二、答曾侍郎天游 第二书

公处身富贵，而不为富贵所折困。非夙植般若种智，焉能如是？但恐中忘此意，为利根聪明所障。以有所得心①在前顿放故，不能于古人直截径要处一刀两段，直下休歇。此病非独贤士大夫，久参衲子亦然。多不肯退步就省力处做工夫，只以聪明意识计较思量，向外驰求。乍闻知识向聪明意识思量计较外，示以本分草料，多是当面蹉过，将谓从上古德②有实法与人，如赵州"放下著"、云门"须弥山"之类是也。岩头③曰："却物为上，逐物为下。"又曰："大统纲宗，要须识句。"甚么是句？百不思时唤作正句。亦云居顶，亦云得住，亦云历历，亦云惺惺，亦云怎么时。将怎么时，等破一切是非，才恁么便不恁么。是句亦划④、非句亦划，如一团火相似，触著便烧，有甚么向傍处？

【校注】

①有所得心：指取相之心。《大智度论》卷六十："有所得者，所谓以我心于诸法中取相故。"《涅槃经》卷十七："无所得者则名为慧……名大涅槃。"《三论玄义》："有所得者为魔眷属，非佛弟子。"

②古德：对古代有德高僧的尊称。

③岩头：指岩头全豁，唐代泉州人，俗姓柯，师从德山宣

鉴，住于鄂州岩头。唐僖宗光启三年（887）入寂，敕谥"清岩大师"。详见《景德传灯录》卷十六。

④"划"，大正本作"铲"，后同。"划"，原指铲子，引申为削去、铲除。

今时士大夫多以思量计较为窟宅，闻恁么说话，便道莫落空否。喻似舟未翻，先自跳下水去。此深可怜愍。近至江西，见吕居仁①。居仁留心此段因缘甚久，亦深有此病。渠岂不是聪明？宗杲②尝问之曰："公怕落空，能知怕者，是空耶，是不空耶？试道看！"渠伫思，欲计较祗对，当时便与一喝。至今茫然，讨巴鼻③不著。此盖以求悟证之心在前顿放，自作障难，非干别事。公试如此做工夫，日久月深，自然筑著磕著。若欲将心待悟，将心待休歇，从脚下参到弥勒下生，亦不能得悟，亦不能得休歇，转加迷闷耳。

【校注】

①吕居仁：即吕本中，字居仁。详见《答吕舍人》校注。
②"宗杲"，卍本、荒本作"某"。
③讨巴鼻：宋代口语，此处指理解、领会。

平田和尚①曰："神光不昧，万古徽猷；入此门来，莫存知解。"又古德曰："此事不可以有心求，不可以无心得，不可以语言造，不可以寂默通。"此是第一等，入泥入水，老婆说话。往往参禅人，只恁么念过，殊不子细看是甚道理。若是个有筋骨底，聊闻举著，直下将金刚王宝剑，一截截断此四路葛藤②，则生死路头亦断、凡圣路头亦断、计较思量亦断、得失是非亦断,当人脚跟下,净裸裸、赤洒洒、没可把。岂不快哉,岂不畅哉!

不见昔日灌溪和尚③初参临济。济见来便下绳床,蓦胸擒住。灌溪便云:"领领。"济知其已彻,即便推出,更无言句与之商量。当恁么时,灌溪如何思量计较祇对得?古来幸有如此榜样。如今人总不将为事,只为粗心。灌溪当初若有一点待悟待证、待休歇底心在前时,莫道被擒住便悟,便是缚却手脚,绕四天下拖一遭,也不能得悟,也不能得休歇。

寻常计较安排底是识情,随生死迁流底亦是识情,怕怖憧惶底亦是识情。而今参学之人,不知是病,只管在里许,头出头没。教中所谓随识而行不随智,以故昧却本地风光、本来面目。若或一时放得下,百不思量计较,忽然失脚,蹋著鼻孔,即此识情便是真空妙智,更无别智可得。若别有所得、别有所证,则又却不是也。如人迷时唤东作西,及至悟时,即西便是东,无别有东。此真空妙智,与太虚空齐寿。只这太虚空中,还有一物碍得他否?虽不受一物碍,而不妨诸物于空中往来。此真空妙智亦然,生死凡圣垢染,著一点不得。虽著不得,而不碍生死凡圣于中往来。如此信得及、见得彻,方是个出生入死得大自在底汉,始与赵州"放下著"、云门"须弥山"有少分相应。若信不及、放不下,却请担取一座须弥山到处行脚,遇明眼人,分明举似,一笑。

【校注】

①平田和尚:即平田普岸,唐代禅僧,洪州人,师从百丈怀海,天台山平田禅院的开创者。详见《景德传灯录》卷九。

②葛藤:佛经中原喻人被贪爱所缠,不得解脱。《出曜经》

卷三曰："其有众生，堕爱网者，必败正道。……犹如葛藤缠树，至末遍则树枯。"中国禅宗则指以语言、文字解禅。语言、文字如葛藤蔓延交错，以此解禅，会受语言、文字的缠绕束缚。玩弄无用之语句，称为闲葛藤；执著于文字语言，而不得真义之禅，称为葛藤禅。

③灌溪和尚：即灌溪志闲，唐代禅僧，魏府馆陶（今河北邯郸馆陶）人，俗姓史，得法于临济义玄。详见《景德传灯录》卷十二。

三、答曾侍郎天游　第三书

老庞①云："但愿空诸所有，切勿实诸所无。"只了得这两句，一生参学事毕。今时有一种剃头外道，自眼不明，只管教人死獦狙②地休去歇去。若如此休歇，到千佛出世也休歇不得，转使心头迷闷耳。又教人随缘管带，忘情默照，照来照去，带来带去，转加迷闷，无有了期。殊失祖师方便，错指示人，教人一向虚生浪死，更教人是事莫管，但只恁么歇去，歇得来情念不生。到恁么时，不是冥然无知，直是惺惺历历。这般底，更是毒害，瞎却人眼，不是小事。云门③寻常见此辈，不把做人看待。彼既自眼不明，只管将册子上语依样教人，这个作么生教得？若信着这般底，永劫参不得。

云门寻常不是不教人坐禅向静处做工夫，此是应病与药，实无恁么指示人处。不见黄檗和尚④云："我此禅宗，从上相承以来,不曾教人求知求解。只云学道,早是接引之辞。然道亦不可学,情存学道,却成迷道。道无方所,名大乘心。此心不在内外中间,实无方所。第一不得作知解。只是说汝而今情量处为道。情量若尽,心无方所。此道天真,本无名字。只为世人不识,迷在情中。所以诸佛出来说破此事。恐你不了,权立道名,不可守名而生解也。"⑤

【校注】

①老庞:即庞蕴(?~808),唐代著名居士,衡阳人,师承石头希迁。《五灯会元》卷三载,居士将入灭,令其女灵照出视日早晚,女回报曰已中,但有蚀。乃出户观之,灵照遂登父座坐化,庞蕴延七日示寂。州牧前往问疾,居士曰:"但愿空诸所有,慎勿实诸所无,好住世间皆如影响。"言讫而化。

②猲狚:兽名,形似狼,赤眉而鼠目。此处大正本、卍本、荒本作"猲狙"。

③云门:宗杲自称。

④黄檗和尚:指黄檗希运(?~850),唐末名僧,福州福清人,百丈怀海之法嗣,弟子有临济义玄、裴休等人。详见《景德传灯录》卷九。

⑤此段语引自《筠州黄檗山断际禅师传心法要》。

前来所说瞎眼汉错指示人,皆是认鱼目作明珠,守名而生解者。教人管带,此是守目前鉴觉而生解者。教人硬休去歇去,此是守忘怀空寂而生解者。歇到无觉无知,如土木瓦石相似,当怎么时,不是冥然无知,又是错认方便解缚语而生解者。教人随缘照顾，莫教恶觉现前，这个又是认着髑髅情识而生解者。教人但放旷任其自在，莫管生心动念，念起念灭本无实体，若执为实，则生死心生矣，这个又是守自然体为究竟法而生解者。如上诸病，非干学道人事，皆由瞎眼宗师错指示耳。

公既清净自居，存一片真实坚固向道之心。莫管工夫纯一不纯一，但莫于古人言句上只管如叠塔子相似，一层了又一层，枉用工夫，无有了期。但只存心于一处，无有不得底。时节因缘到来，自然筑著磕著，喷地省去耳。"不起一念还有过也无？"云："须弥山。"①"一物不将来时如何？"云："放下著。"②这里疑不破，只在这里参，更不必自生枝叶也。若信得云门及，但恁么参，别无佛法指似③人。若信不及，一任江北江南问王老④，一狐疑了一狐疑。

【校注】

① 此语详见《五灯会元》卷十五。

② 此语详见《五灯会元》卷四。

③ "似"，径本、大正本作"示"。

④ 王老：指南泉普愿（748~834），中唐著名禅僧，马祖道一法嗣，郑州新郑人，俗姓王，自称"王老师"。详见《景德传灯录》卷八。

四、答曾侍郎天游　第四书

　　细读来书，乃知四威仪①中，无时间断，不为公冗所夺，于急流中常自猛省，殊不放逸，道心愈久愈坚固，深慰鄙怀。然世间尘劳，如火炽然，何时是了？正在闹中，不得忘却竹椅蒲团上事。平昔留心静胜处，正要闹中用。若闹中不得力，却似不曾在静中做工夫一般。

　　承有前缘驳杂、今受此报之叹，独不敢闻命。若动此念，则障道矣。古德云："随流认得性，无喜亦无忧。"②净名云："譬如高原陆地不生莲花，卑湿淤泥乃生此花。"③老胡云："真如不守自性，随缘成就一切事法。"又云："随缘赴感靡不周，而常处此菩提座。"④岂欺人哉！若以静处为是，闹处为非，则是坏世间相而求实相，离生灭而求寂灭。好静恶闹时，正好著力。蓦然闹里撞翻静时消息，其力能胜竹椅蒲团上千万亿倍。但相听，决不相误。

　　又承以老庞两句，为行住坐卧之铭箴，善不可加。若正闹时生厌恶，则乃是自扰其心耳。若动念时，只以老庞两句提撕⑤，便是热时一服清凉散也。公具决定信，是大智慧人。久做静中工夫，方敢说这般话。于他人分上则不可。若向业识茫茫增上慢人前如此说，乃是添他恶业担子。禅门种种病痛，已具前书，不识曾子细理会否？

【校注】

①四威仪：指行、住、坐、卧。佛教要求僧众行、住、坐、卧举止庄重，符合佛教的各种规范，故称"四威仪"，后泛指日常起居的各种行为。

②古德：此处指禅宗所谓的西天第二十二祖摩拏罗尊者。其后之语引自摩拏罗所说之偈："心随万境转，转处实能幽；随流认得性，无喜复无忧。"详见《景德传灯录》卷二。

③此语引自《维摩诘经·弘道品》。净名，即维摩诘居士。维摩诘，梵语音译，意译为净名，清净无垢之意。维摩诘被视为在家修行佛道，达到高深境界的典型。

④此语引自《华严经·如来现相品》。老胡，指释迦牟尼佛。古代称印度、西域人为"胡人"，释迦牟尼为佛教的祖师，故称老胡。

⑤提撕：参究。

五、答曾侍郎天游　第五书

承谕："'外息诸缘，内心无喘，可以入道，是方便门。'①借方便门以入道则可，守方便而不舍则为病。"

诚如来语，山野读之，不胜欢喜踊跃之至。今诸方漆桶②辈，只为守方便而不舍，以实法指示人，以故瞎人眼不少。所以山野作《辩③邪正说》④以救之。近世魔强法弱，以湛入合湛⁵为究竟者,不可胜数;守方便不舍为宗师者,如麻似粟。山野近尝与纳子辈举此两段。正如来书所说,不差一字。非左右留心般若中、念念不间断,则不能洞晓从上诸圣诸异方便也。公已捉著把柄矣。既得把柄在手,何虑不舍方便门而入道耶?但只如此做工夫。看经教并古人语录种种差别言句,亦只如此做工夫。如"须弥山"、"放下著"、"狗子无佛性"⑥话、"竹篦子"⑦话、"一口吸尽西江水"⑧话、"庭前柏树子"⑨话,亦只如此做工夫。更不得别生异解、别求道理、别作伎俩也。公能向急流中时时自如此提掇,道业若不成就,则佛法无灵验矣。记取记取。

【校注】

①此语见于《景德传灯录》卷三《第二十八祖菩提达摩大师别记》,原文作:"外息诸缘,内心无喘,心如墙壁,可以入道。"

②漆桶:原指盛装漆物之桶,此桶由于使用日久,难以识别最初之颜色。禅林之中,以此转指世人由于无始以来所累积之无明烦恼而隐覆本具之真如佛性。若一旦解脱烦恼,泯灭妄想,而得全面开悟,即称打破漆桶。由于漆桶一词转指迷妄烦恼,禅林中亦以"漆桶辈"一词,指称未能了悟佛法真理之僧徒。

③"辩",卍本、荒本作"辨"。

④《辩邪正说》:据《大慧普觉禅师年谱》,此文宗杲作于南宋高宗绍兴四年(1134),原因是"时宗徒掇置妙悟,使学者困于寂默"。

⑤湛入合湛:出自《楞严经》卷十。经云:"唯色与空,是色边际。唯触及离,是受边际。唯记与妄,是想边际。唯灭

与生,是行边际。湛入合湛,归识边际。"

⑥"狗子无佛性":见于《古尊宿语录》卷十三《赵州真际禅师语录并行状卷上》。有僧问赵州禅师:"'狗子还有佛性也无?'师云:'无。'学云:'上至诸佛,下至蚁子,皆有佛性,狗子为什么无?'师云:'为伊有业识性在。'"

⑦"竹篦子":语出《天圣广灯录》卷十六。叶县归省禅师参见汝州省念禅师,"师(省念)见来,竖起竹篦子云:'不得唤作竹篦子,唤作竹篦子即触,不唤作竹篦子即背,唤作什么?'师(归省)近前,掣得掷向阶下云:'在什么处?'念云:'瞎!'师(归省)言下大悟。"

⑧"一口吸尽西江水":语出《马祖道一禅师广录》。"庞居士问祖(马祖道一)云:'不与万法为侣者,是甚么人?'祖曰:'待汝一口吸尽西江水,即向汝道。'"

⑨"庭前柏树子":见于《古尊宿语录》卷十三《赵州真际禅师语录并行状卷上》。"僧问赵州从谂禅师:'如何是祖师西来意?'师云:'庭前柏树子。'僧云:'和尚莫将境示人。'师云:'我不将境示人。'僧云:'如何是祖师西来意?'州云:'庭前柏树子。'"

承夜梦焚香、入山僧之室,甚从容。切不得作梦会,须知是真入室。不见舍利弗问须菩提:"梦中说六波罗蜜①,与觉时同别?"须菩提云:"此义幽深,吾不能说。此会有弥勒大士,汝往彼问。"②咄,漏逗③不少。雪窦④云:"当时若不放过,随后与一札,谁名弥勒、谁是弥勒者,便见冰消瓦解。"咄,雪窦亦漏逗不少。或有人问:"只如曾待制夜梦入云门之室,且道与觉时同别?"云门即向他道:"谁是入室者?谁是为入室者？谁是作梦者？谁是说梦者？谁是不作梦会者？谁是真入室者？"咄，亦漏逗不少。

【校注】

①六波罗蜜：又作六度，即布施、持戒、忍辱、精进、禅定、智慧六种佛教实践法门。"波罗蜜"全称"波罗蜜多"，意为"到彼岸"。大乘佛教认为，修此六种法门，可渡生死海，到达涅槃常乐的彼岸。

②此语引自《大品般若经·梦行品》。舍利弗，佛十大弟子之一，号称智慧第一。须菩提，佛十大弟子之一，号称解空第一。

③漏逗：指缺失、不完善之处。

④雪窦：指雪窦重显（980~1052）。北宋名僧，四川遂宁人，俗姓李，字隐之，师从智门光祚，世称云门宗中兴之祖。宋仁宗皇祐四年（1052）入寂，寿七十三，谥号"明觉大师"。其思想资料有《明觉禅师语录》、《瀑泉集》等。详见《五灯会元》卷十五。

六、答曾侍郎天游　第六书

来书细读数过。足见办铁石心，立决定志，不肯草草。但只如此崖到腊月三十日，亦能与阎家老子厮抵①，更休说豁开顶门眼，握金刚王宝剑②，坐毗卢③顶上也。宗杲④尝谓方外道友曰:"今时学道之士,只求速效,不知错了也。却谓'无事省缘、静坐体究为空过时光,不如看几卷经、念几声佛、佛前多礼几拜、忏悔平生所作底罪过,要免阎家老子手中铁棒'。此是愚人所为。"而今道家者流,全以妄想心,想日精月华、吞霞服气,尚能留形住世,不被寒暑所逼。况回此心此念,全在般若中耶?先圣明明有言:"喻如太末虫,处处皆⑤泊,唯不能泊于火焰之上;众生亦尔,处处能缘,唯不能缘于般若之上。"

苟念念不退初心,把自家心识缘世间尘劳底,回来抵在般若上,虽今生打未彻,临命终时定不为恶业⑥所牵,流落恶道⑦。来生出头随我今生愿力,定在般若中现成受用。此是决定底事,无可疑者。众生界中事不著学、无始时来习得熟、路头亦熟,自然取之,左右逢其原,须著拨置。出世间学般若心,无始时来背违。乍闻知识说著,自然理会不得。须着立决定志、与之作头抵,决不两立。此处若入得深,彼处不着排遣,诸魔外道自然窜伏矣。生处放教熟,熟处放教生,正为此也。日用做工夫处,捉著把柄,渐觉省力时,便是得力处也。

【校注】

①阎家老子:即阎罗王。《法苑珠林》云:阎罗王往昔为沙毗国王,与邻国战而败,国王忿极,与诸大臣兵卒皆发愿,愿死后为地狱主,执邻国诸恶人,一一投之地狱以泄怨。此国王死后为阎罗王,其大臣兵卒,亦皆为地狱官卒。厮抵:应付、对付、匹敌之意。

②金刚王:金刚中之最胜者,云金刚王。《楞严经》卷四曰:"清净圆满,体性坚凝,如金刚王,常住不坏。""金刚王

宝剑",喻切断一切情识之利剑。《临济录》载：临济义玄禅师问僧："有时一喝如金刚王宝剑，有时一喝如踞地金毛狮子，有时一喝如探竿影草，有时一喝不作一喝用，汝作么生会？"

③毗卢：毗卢舍那佛之略称，意为"光明遍照"，被认为是诸佛之法身，称为法身佛。宗杲在《普说》中曰："高步毗卢顶，不禀释迦文。"《普灯录》卷十八曰："坐断毗卢顶，须是没量大人。"

④"宗杲"，卍本、荒本作"某"。

⑤"皆"，卍本、荒本作"能"。

⑥恶业：与善业相对，指出于身、口、意三者的坏事、坏话、坏想法。佛教认为，恶业能招感现在与未来的苦果。

⑦恶道：佛教认为，世间众生处于六道轮回之中，在六道中，一般以地狱、饿鬼、畜生三者称为三恶道，以阿修罗、人间、天上三者为三善道。

七、答李参政汉老① 第一书

（附问书）

问书：

邴近扣筹室，伏蒙激发蒙滞，忽有省入。顾惟根识暗钝，平生学解，尽落情见。一取一舍，如衣坏絮行草棘中，适自缠绕。今一笑顿释，欣幸可量。非大宗匠委曲垂慈，何以致此。自到城中，著衣吃饭，抱子弄孙，色色仍旧。既亡拘滞之情，亦不作奇特之想。其余夙习旧障，亦稍轻微。临别叮咛之语，不敢忘也。重念始得入门，而大法未明；应机接物，触事未能无碍。更望有以提诲，使卒有所至。庶无玷于法席矣。

【校注】
①李参政，名邴，字汉老，济州任城（今山东济宁）人。北宋徽宗崇宁五年（1106）进士，历任起居舍人、给事中、翰林学士、兵部侍郎等职，南宋高宗建炎三年（1129）任参知政事。李邴力主抗金，为高宗朝内主战派重要人物。参见《宋史》卷三百七十五。

答书①：

示谕："自到城中，著衣吃饭，抱子弄孙，色色仍旧。既亡拘滞之情，亦不作奇特之想，宿习旧障，亦稍轻微。"三复斯语，欢喜跃跃②。此乃学佛之验也。倘非过量大人，于一笑中百了千当，则不能知吾家果有不传之妙。若不尔者，疑怒二字法门③，尽未来际，终不能坏。使太虚空为云门④口，草木瓦石皆放光明、助说道理，亦不奈何。方信此段因缘，不可传、不可学，须是自证自悟、自肯自休，方始彻头。公今一笑顿亡所得，夫复何言。黄面老子⑤曰："不取众生所言说，一切有为虚妄事，虽复不依言语道，亦复不著无言说。"⑥来书所说，既亡拘滞之情，亦不作奇特之想，暗与黄面老子所言契合。即是说者，名为佛说；离是说者，即波旬⑦说。

【校注】
①据《大慧普觉禅师年谱》，此书作于南宋高宗绍兴五年

(1135)、宗杲四十七岁时。原因是李郁在宗杲处听讲回家后，忽然有悟，他来信诉说，于是宗杲根据他的情况回信指导。

②"跃跃"，南本、卍本、荒本作"踊跃"。

③李郁曾随天童正觉修习默照禅，初见宗杲，见其力排默照禅，李郁"疑怒相半"。参见《答富枢密》第三书。

④云门：宗杲自称。

⑤黄面老子：指释迦牟尼。因释迦如来的身相为金黄色，故称。

⑥此句引自《华严经》（实叉难陀译）卷二十四，十回向品第二十五之二。

⑦波旬：魔王之名。意为杀者、恶物、恶中恶。指断除人生命与善根的恶魔。据《太子瑞应本起经》卷上，波旬是欲界第六天天王，它常尾随佛及诸弟子，企图扰乱，而违逆佛与扰乱僧之罪，乃诸罪中最大者，故此魔又名"极恶"。

山野平昔有大誓愿："宁以此身代一切众生受地狱苦，终不以此口将佛法以为人情，瞎一切人眼。"公既到恁么田地，自知此事不从人得，但且仍旧。更不须问大法明未明、应机碍不碍。若作是念，则不仍旧矣。承过夏后，方可复出，甚惬病僧意。若更热荒驰求不歇，则不相当也。前日见公欢喜之甚，以故不敢说破，恐伤言语。今欢喜既定，方敢指出。此事极不容易，须生惭愧始得。往往利根上智者得之①不费力，遂生容易心，便不修行，多被目前境界夺将去，作主宰不得。日久月深，迷而不返，道力不能胜业力，魔得其便，定为魔所摄持。临命终时，亦不得力。千万记取前日之语：理则顿悟，乘悟并销；事则渐除②，因次第尽。行住坐卧，切不可忘了。其余古人种种差别言句,皆不可以为实,然亦不可以为虚。久久纯熟,自然默默契自本心③矣,不必别求殊胜奇特也。

【校注】

① "上智者得之",卍本作"上智得者之"。

② "事则渐除",南本、卍本、荒本作"事非顿除"。

③ 本心:指自己本来具有的真如佛性。

昔水潦和尚①于采藤处问马祖②:"如何是祖师西来意?"祖云:"近前来,向你道。"水潦才近前,马祖拦③胸一蹋蹋倒。水潦不觉起来,拍手呵呵大笑。祖曰:"汝见个甚么道理便笑?"水潦曰:"百千法门,无量妙义,今日于一毛头上,尽底识得根源去。"马祖便不管他。雪峰④知鼓山⑤缘熟,一日忽然蓦胸擒住曰:"是甚么?"鼓山释然了悟,了心便亡,唯微笑举手摇曳而已。雪峰曰:"子作道理耶?"鼓山复摇手曰:"和尚何道理之有?"雪峰便休去。蒙山道明⑥禅师,趁卢行者⑦至大庾岭,夺衣钵。卢公掷于石上曰:"此衣表信。可力争耶?任公将去。"明举之不动,乃曰:"我求法,非为衣钵也。愿行者开示。"卢公曰:"不思善,不思恶,正当恁么时,那个是上座本来面目?"明当时大悟,通身汗流,泣泪作礼曰:"上来密语密意外,还更有意旨否?"卢公曰:"我今为汝说者,即非密意。汝若返照自己面目,密却在汝边。我若说得,即不密也。"

以三尊宿⑧三段因缘,较公于一笑中释然,优劣何如?请自断看。还更别有奇特道理么?若更别有,则却似不曾释然也。但知作佛,莫愁佛不解语。古来得道之士,自己既充足,推己之余，应机接物，如明镜当台，明珠在掌，胡来胡现，汉来汉现，非著意也。若著意，则有实法与人矣。公欲大法明，应机无滞，但且仍旧，不必问人。久久自点头矣。临行面禀之语，请书于座右。此外别无说。纵有说，于公分上，尽成剩语矣。葛藤太多，姑置是事。

【校注】

①水潦和尚：又作水老和尚，得法于马祖道一。参见《景德传灯录》卷八。

②马祖：即马祖道一禅师（709~788）。俗姓马，名道一，四川什邡人。得法于慧能的大弟子南岳怀让，后于江西洪州（今南昌）传扬禅法，宣扬"即心是佛"、"平常心失道"之旨，形成独具特色的洪州禅派，道一被尊称为"马祖"。有《马祖道一禅师语录》一卷。

③"拦"，大正本、荒本作"栏"。

④雪峰：指雪峰义存（822~908），晚唐名僧，泉州南安人，俗姓曾，师承德山宣鉴。因曾宿于雪峰山，故号雪峰。参见《景德传灯录》卷十六。

⑤鼓山：指鼓山神晏，唐末五代僧，生卒年不详，大梁（今河南开封）人，俗姓李。师承雪峰义存，后晋天福年间（936~944）示寂，谥号"兴圣国师"。其思想资料有《鼓山先兴圣国师和尚法堂玄要广集》一卷。参见《景德传灯录》卷十八。

⑥蒙山道明：原名惠明，唐代僧，师承五祖弘忍，生卒年不详。鄱阳（今江西）人，俗姓陈，为陈宣帝之孙，曾受四品将军之爵。于大庾岭承六祖慧能开示，彻悟本源，改名道明。

其后居袁州蒙山，聚徒习禅，宣扬慧能宗旨。参见《景德传灯录》卷四。

⑦卢行者：指六祖慧能（638～713），南宗禅创立者，俗姓卢，先世河北范阳（今河北涿州）人，唐贞观十二年（638）生于岭南新州（今广东新兴东）。因慧能于五祖弘忍处学法时属带发修行，并未出家，故称卢行者。

⑧尊宿：指前辈高僧，"德高曰尊，耆年曰宿"。

八、答李参政汉老　第二书
（附问书）

问书：

邴比蒙诲答，备悉深旨。邴自有验者三：一、事无逆顺，随缘即应，不留胸中；二、宿习浓厚，不加排遣，自尔轻微；三、古人公按①，旧所茫然，时复瞥地。此非自昧者。前书大法未明之语，盖恐得少为足，当扩而充之，岂别求胜解耶。净除现流，理则不无，敢不铭佩。

【校注】

①"公按"，即"公案"，校本均作"公案"。公案本义为官府中判决是非的案例。禅宗将先前禅师的言行记录加以编辑整理，作为参禅悟道的案例，称为"公案"。禅宗认为通过探究祖师们的言行公案，可以悟道。相传汾阳善昭（947～1024）集古德言行记录一百条，对每条加上自己的偈颂，成《百则颂

古》,为编集"公案"之始。继之,雪窦重显(980~1052)亦作《颂古百则》。其后,圆悟克勤(1063~1135)以重显《颂古百则》为基础,再加上"垂示"、"著语"、"评唱",成《碧岩集》,把探究公案推到了极端。至此,自称"不立文字,直指人心"的禅宗,变成了舞文弄墨的文字游戏。

答书:

信后益增瞻仰。不识日来随缘放旷,如意自在否?四威仪中,不为尘劳所胜否?寤寐二边得一如否?于仍旧处无走作否?于生死心不相续否?但尽凡情,别无圣解。公既一笑,豁开正眼,消息顿亡。得力不得力,如人饮水,冷暖自知矣。然日用之间,当依黄面老子所言:"刳①其正性,除其助因,违其现业。"②此乃了事汉,无方便中真方便,无修证中真修证,无取舍中真取舍也。古德③云:"皮肤脱落尽,唯一真实在。"又如旃檀繁柯脱落尽,唯真旃檀在。斯违现业、除助因、刳正性之极致也。公试思之,如此说话,于了事汉分上,大似一柄腊月扇子,恐南地寒暄不常也。少不得一笑。

【校注】

①刳:音 kū,意为剖开、挖空。

②"刳其正性,除其助因,违其现业"句,引自《楞严经》卷八。

③古德:此处指药山惟俨(751~834),唐代名僧,师承石头希迁,俗姓韩,山西绛州人。引文出自《五灯会元》卷五,原文作"皮肤脱落尽,唯有一真实"。

卷二

九、答江给事少明①

人生一世，百年光阴，能有几许？公白屋起家，历尽清要。此是世间第一等受福底人；能知惭愧，回心向道，学出世间脱生死法，又是世间第一等讨便宜底人。须是急著手脚，冷却面皮，不得受人差排。自家理会本命元辰，教去处分明，便是世间出世间一个了事底大丈夫也。承连日去与参政②道话，甚善甚善。此公歇得驰求心③，得言语道断、心行处灭④，差别异路，觑见古人脚手，不被古人方便文字所罗笼。山僧见渠如此，所以更不曾与之说一字，恐钝置⑤他。直候渠将来自要与山僧说话，方始共渠眉毛厮结理会在，不只怎么便休。学道人若驰求心不歇，纵与之眉毛厮结理会，何益之有？正是痴狂外边走耳。古人⑥云："亲近善者，如雾露中行，虽不湿衣，时时有润。"但频与参政说话，至祷至祷。

【校注】

①据《大慧普觉禅师年谱》，本书作于南宋高宗绍兴五年（1135）、宗杲四十七岁时。江给事，名安常，字少明，生平不详。给事，官职名。

②参政：指李邴。参见《答李参政》校注。

③驰求心：追逐、攀缘外境之心。

④言语道断、心行处灭：指不能用言语表述，也不能用心

思揣度的究竟真理。

⑤钝置：耽误、打扰。

⑥古人：指沩山灵祐。引文引自《沩山警策·明出家正因章》，原文作："亲附善者，如雾露中行，虽不湿衣，时时有润。"

不可将古人垂示言教，胡乱穿凿。如马大师①遇南岳②和尚，说法云："譬牛驾车，车若不行，打车即是，打牛即是？"③马师闻之，言下知归。这几句儿言语，诸方多少说法，如雷如霆、如云如雨底，理会不得，错下名言，随语生解。见与舟峰④书尾杜撰解注，山僧读之，不觉绝倒。可与说如来禅、祖师禅底，一状领过，一道行遣也。来颂子细看过，却胜得前日两颂，自此可已之。颂来颂去，有甚了期？如参政相似，渠岂是不会做颂，何故都无一字？乃识法者惧耳。间或露一毛头，自然抓著山僧痒处。如《出山相颂》云"到处逢人蓦面欺"之语，可与丛林作点眼药。公异日自见矣，不必山僧注破也。某近见公顿然改变，为此事甚力，故作此书，不觉缕缕。

【校注】

①马大师：指马祖道一。参见《答李参政》校注。

②"南岳"，卍本、荒本作"让"，即南岳怀让。南岳怀让（677~744），六祖慧能门下五大弟子之一，金州安康（今陕西汉阴）人，俗姓杜，又称大慧禅师。南岳怀让一系的禅法，经马祖道一、百丈怀海、黄檗希运等人继承、发展，逐步形成临济、沩仰二宗。参见《景德传灯录》卷五。

③此语引自《古尊宿语录》卷四十四（宝峰云庵真净禅

师)。

④舟峰：指庆老龟年，大慧宗杲的弟子。

十、答富枢密季申　第一书①

示谕："早岁知信向此道，晚年为知解所障，未有一悟入处，欲知日夕体道方便。"既荷至诚，不敢自外。据款结按②，葛藤少许。只这求悟入底，便是障道知解了也，更别有甚么知解为公作障？毕竟唤甚么作知解？知解从何而至？被障者复是阿谁？只此一句，颠倒有三：自言为知解所障是一；自言未悟，甘作迷人是一；更在迷中，将心待悟是一。只这三颠倒，便是生死根本。直须一念不生，颠倒心绝，方知无迷可破，无悟可待，无知解可障。如人饮水，冷暖自知，久久自然不作这般见解也。但就能知知解底心上，看还障得也无？能知知解底心上，还有如许多般也无？

【校注】

①据《大慧普觉禅师年谱》，此书作于高宗绍兴八年（1138）、宗杲五十岁时。富枢密，名直柔，字季申，北宋宰相富弼之孙。高宗年间，富直柔历任秘书省正字、右谏议大夫、御史中丞、知枢密院事等职。

②"按"，校本均作"案"。据款结按，原意为根据当事人的罪状进行判决。这里指根据季申所说的疑惑进行破除。

从上大智慧之士，莫不皆以知解为俦侣，以知解为方便，于知解上行平等慈，于知解上作诸佛事。如龙得水，似虎靠山，终不以此为恼，只为他识得知解起处。既识得起处，即此知解便是解脱之场，便是出生死处。既是解脱之场、出生死处，则知底解底当体寂灭①。知底解底既寂灭，能知知解者不可不寂灭，菩提涅槃、真如佛性，不可不寂灭。更有何物可障？更向何处求悟入？释迦老子曰："诸业从心生，故说心如幻；若离此分别，则灭诸有趣。"僧问大珠和尚②："如何是大涅槃？"珠云："不造生死业，是大涅槃。"僧云③："如何是生死业？"珠云："求大涅槃是生死业。"④又古德⑤云："学道人一念计生死，即落魔道；一念起诸见，即落外道。"又净名⑥云："众魔者乐生死，菩萨于生死而不舍；外道者乐诸见，菩萨于诸见而不动。"此乃是以知解为俦侣、以知解为方便、于知解上行平等慈、于知解上作诸佛事底样子也。只为他了达三祇劫空，生死涅槃俱寂静⑦故。既未到这个田地，切不可被邪师辈⑧胡说乱道，引入鬼窟里，闭眉合眼作妄想。

【校注】

①寂灭：梵语"涅槃"的意译，指度脱生死，进入寂静无为、离一切相的境地。

②大珠和尚：指中唐慧海禅师。慧海，俗姓朱，建州人，师从马祖道一。悟道后曾撰《顿悟入道要门论》一卷，马祖评曰"大珠圆明，光透自在，无遮障处"，世人遂称之为大珠和尚。参见《景德传灯录》卷六。

③"云"，荒本作"问"。

④引文见《景德传灯录》卷六《越州大珠慧海禅师》。

⑤古德：指黄檗希运。引文出自裴休所辑《黄檗山断际禅师传心法要》。

⑥净名：维摩诘居士。引文出自《维摩诘经·文殊师利问疾品》。

⑦"寂静"，荒本作"寂灭"。

⑧邪师辈：指天童正觉代表的倡导默照禅的禅师。

迩来祖道衰微，此流如麻似粟，真是一盲引众盲，相牵入火坑。深可怜愍。愿公硬著脊梁骨，莫作这般去就。作这般去就底，虽暂拘得个臭皮袋子住，便以为究竟，而心识纷飞，犹如野马。纵然心识暂停，如石压草，不觉又生。欲直取无上菩提，到究竟安乐处，不亦难乎？宗杲①亦尝为此流所误。后来若不遇真善知识，几致空过一生。每每思量，直是叵耐。以故不惜口业，力救此弊。今稍有知非者。若要径截理会，须得这一念子爆地一破，方了得生死，方名悟入。然切不可存心待破。若存心在破处，则永劫无有破时。但将妄想颠倒底心、思量分别底心、好生恶死底心、知见解会底心、欣静厌闹底心，一时按下。只就按下处看个话头②。僧问赵州："狗子还有佛性也无？"州云："无。"此一字子，乃是摧许多恶知恶觉底器仗也。不得作有无会，不得作道理会，不得向意根下思量卜度，不得向扬眉瞬目处探根③，不得向语路上作活计，不得飏在无事甲里，不得向举起处承当，不得向文字中引证。但向十二时中、四威仪内，时时提撕、时时举觉。"狗子还有佛性也无？"云："无。"不离日用，试如此做工夫，看月十日，便自见得也。一郡千里之事，都不相妨。古人云："我这里是活底祖意，有甚么物能拘执他？"若离日用，别有趣向，则是离波求水、离器求金，求之愈远矣。

【校注】
①"宗杲"，卍本、荒本作"某"。
②话头：从先前禅师们的某一段对话中抽出的语言片断，如"无"、"露"、"麻三斤"等，称为"话头"。参禅者将所有心思集中在一个"话头"上，随时随地参究，从而达到扫荡一切知解情识，获得禅悟的目的，称为"看话头"。
③"揲根"，大正本作"垛根"。

十一、答富枢密季申　第二书

窃知日来以此大事因缘为念，勇猛精进，纯一无杂，不胜喜跃。能二六时中炽然作为之际，必得相应也未？寤寐二边得一如也未？如未，切不可一向沉空趣寂。古人唤作黑山下鬼家活计，尽未来际，无有透脱之期。昨接来诲，私虑左右①必已耽著静胜三昧②，及③询直阁公④，乃知果如所料。大凡涉世有余之士，久胶于尘劳中，忽然得人指令，向静默处做工夫，乍得胸中无事，便认著以为究竟安乐。殊不知似石压草，虽暂觉绝消息，奈何根株犹在，宁有证彻寂灭之期？

要得真正寂灭现前，必须于炽然生灭之中，蓦地一跳跳出。不动一丝毫，便搅长河为酥酪，变大地作黄金，临机纵夺，杀活自由，利他自利，无施不可。先圣唤作无尽藏陀罗尼门⑤、无尽藏神通游戏门、无尽藏如意解脱门，岂非真大丈夫之能事也。然亦非使然，皆吾心之常分耳。愿左右快著精彩，决期于此。廓彻大悟，胸中皎然，如百千日月，十方世界，一念明了，无一丝毫头异想，始得与究竟相应。果能如是，岂独于生死路上得力？异日再秉钧⑥轴，致君于尧舜之上，如指诸掌耳。

【校注】

①左右：阁下，指对方。

②静胜三昧：专注于空寂无为之境的坐禅。

③"及"，荒本作"乃"。

④直阁公，不详。

⑤无尽藏陀罗尼门：无尽藏，指贮藏无限财宝之藏，转指广大无穷之功德。陀罗尼，意译为总持、能持、能遮，指能令善法不散失、令恶法不生起的慧力。陀罗尼有法陀罗尼、义陀罗尼、咒陀罗尼、忍陀罗尼等四种。全句意为能产生广大功德的总持法门。

⑥"钧"，荒本作"钓"。钧：对对方的敬称，如"钧座"。

十二、答富枢密季申　第三书

示谕："初机得少静坐工夫亦自佳。"又云："不敢妄作静见。"黄面老子所谓："譬如有人自塞其耳，高声大叫，求人不闻。"真是自作障难耳。若生死心未破，日用二六时中，冥冥蒙蒙地，如魂不散底死人一般。更讨甚闲工夫理会静理会闹耶？涅槃会上，广额屠儿①放下屠刀便成佛，岂是做静中工夫来？渠岂不是初机？左右见此，定以为不然，须差排渠作古佛示现，今人无此力量。若如是见，乃不信自殊胜，甘为下劣人也。

我此门中，不论初机晚学，亦不问久参先达，若要真个静，须是生死心破。不著做工夫，生死心破，则自静也。先圣所说寂静方便，正为此也。自是末世邪师辈，不会先圣方便语耳。左右若信得山僧及，试向闹处看"狗子无佛性"话。未说悟不悟，正当方寸扰扰时，谩提撕举觉看，还觉静也无？还觉得力也无？若觉得力，便不须放舍；要静坐时，但烧一炷香静坐。坐时不得令昏沉②、亦不得掉举③。昏沉掉举，先圣所诃。静坐时，才觉此两种病现前，但只举"狗子无佛性"话。两种病不著用力排遣，当下怗怗④地矣。日久月深，才觉省力，便是得力处也。亦不著做静中工夫，只这便是工夫也。

李参政⑤顷在泉南初相见时，见山僧力排默照邪禅瞎人眼，渠初不平，疑怒相半。蓦闻山僧颂"庭前柏树子"话，忽然打破漆桶，于一笑中，千了百当。方信山僧开口见胆，无秋毫相欺，亦不是争人我，便对山僧忏悔。此公现在彼，请试问之，还是也无？道谦⑥上座，已往福唐，不识已到彼否？此子参禅吃辛苦更多，亦尝十余年入枯禅，近年始得个安乐处。相见时，试问渠如何做工夫。曾为浪子偏怜客，想必至诚吐露也。

【校注】

①广额屠儿：南本《涅槃经·梵行品》记述的放下屠刀便

成佛的屠夫。

②昏沉：昏昏欲睡、意识不清的状态。

③掉举：心猿意马、杂念纷纭的状态。

④"怗"，通"帖"，荒本作"帖"。

⑤李参政：指李邴。

⑥道谦：开善道谦，宗杲的学生。

十三、答李参政别纸汉老

富枢密①顷在三衢时，尝有书来问道，因而打葛藤一上，落草不少。尚尔滞在默照处，定是遭邪师引入鬼窟里无疑。今又得书，复执静坐为佳。其滞泥如此，如何参得径山禅②？今次答渠书，又复缕缕葛藤，不惜口业，痛与划除。又不知肯回头转脑，于日用中看话头否③？先圣云："宁可破戒如须弥山，不可被邪师熏一邪念，如芥子许在情识中，如油入面，永不可出。"此公是也。如与之相见，试取答渠底葛藤一观，因而作个方便，救取此人。四摄法④中，以同事摄为最强。左右当大启此法门，令其信入，不唯省得山僧一半力，亦使渠信得及，肯离旧窟也。

【校注】

①"富枢密"：原本作"副枢密"，大正本作"富枢密"，卍本、荒本作"富枢"。据大正本改。富枢密，指富直柔，详

见《答富枢密季申》第一书校注。

②径山：宗杲居住地。径山禅，即宗杲的禅法。

③"否"，荒本作"不"。

④四摄法：菩萨摄受众生的四种方法，即布施摄、爱语摄、利行摄、同事摄。布施摄，指通过财施或法施，加深情谊，而达到度化对方的目的；爱语摄，指以温和慈爱的言语使对方愿意与我接近，以度化对方；利行摄，指以利人的行为，感化对方共修佛道；同事摄，指亲近众生，同其苦乐，随机教化。

十四、答陈少卿季任　第一书①

承谕："欲留意此段大事因缘，为根性极钝。"若果如此，当为左右②贺也。今时士大夫，多于此事不能百了千当、直下透脱者，只为根性太利，知见太多，见宗师才开口动舌，早一时会了也。以故返不如钝根者，无许多恶知恶觉，蓦地于一机一境上、一言一句下撞发，便是达磨大师出头来，用尽百种神通，也奈何他不得。只为他无道理可障。利根者返被利根所障，不能得崪地便折、嚗地便破。假饶于聪明知解上学得，于自己本分事上转不得力。所以南泉和尚③云："近日禅师太多，觅个痴钝人不可得。"章敬和尚④曰："至理亡言。时人不悉，强习他事以为功能。不知自性元非尘境，是个微妙大解脱门。所有鉴觉，不染不碍。如是光明，未曾休废，曩劫至今，固无变易。犹如日轮,远近斯照,虽及众色,不与一切和合。灵烛妙明,非假锻炼,为不了故,取于物象,但如捏目妄起空华⑤,徒自疲劳,枉经劫数。若能返照,无第二人。举措施为,不亏实相。"⑥

【校注】

①据《大慧普觉禅师年谱》,此书作于南宋高宗绍兴九年(1139)、宗杲五十一岁时。陈少卿,字季任,疑指陈桷。据《宋史》卷三百七十七,陈桷,字季任,自号无相居士,温州平阳人,曾于南宋高宗绍兴三年(1133)、绍兴十年两次出任太常少卿。

②左右:即阁下,指对方。

③南泉和尚:指南泉普愿(748~834)。普愿,中唐著名禅僧,师从马祖道一,郑州新郑人,俗姓王,自称"王老师",世称南泉和尚。

④章敬和尚:即章敬怀恽(754~815)。怀恽,中唐禅僧,泉州人,俗姓谢。师从马祖道一,得其心要。参见《景德传灯录》卷七。

⑤"华",通"花"。

⑥引语引自《景德传灯录》卷七《京兆章敬怀恽禅师》。

左右自言根钝,试如此返照看,能知钝者,还钝也无?若不回光返照,只守钝根,更生烦恼,乃是向幻妄上重增幻妄,空华上更添空华也。但相听,能知根性钝者,决定不钝。虽不得守著这个钝底,然亦不得舍却这个钝底参。取舍利钝,在人不在心。此心与三世诸佛一体无二。若有二,则法不平等矣。

受教传心，俱为虚妄；求真觅实，转见参差。但知得一体无二之心，决定不在利钝取舍之间，则便当见月亡指，直下一刀两段。若更迟疑，思前算后，则乃是"空拳指上生实解，根境法中虚捏怪"①。于阴界中妄自囚执，无有了时。

近年以来，有一种邪师，说默照禅②，教人十二时中，是事莫管，休去歇去，不得做声。恐落今时。往往士大夫为聪明利根所使者，多是厌恶闹处。乍被邪师辈指令静坐，却见省力，便以为是，更不求妙悟，只以默然为极则。某不惜口业，力救此弊，今稍③有知非者。愿公只向疑情不破处参，行住坐卧，不得放舍。僧问赵州："狗子还有佛性也无？"州云："无。"这一字子，便是个破生死疑心底刀子也。这刀子欛柄，只在当人手中。教别人下手不得，须是自家下手始得。若舍得性命，方肯自下手。若舍性命不得，且只管在疑不破处崖将④去。蓦然自肯舍命，一下便了。那时方信静时便是闹时底，闹⑤时便是静时底，语时便是默时底，默时便是语时底。不著问人，亦自然不受邪师胡说乱道也。至祷至祷。

【校注】

①此二句见于唐永嘉玄觉《证道歌》："二乘精进勿道心，外道聪明无智慧。亦愚痴亦小呆，空拳指上生实解。执指为月枉施功，根境法中虚捏怪。"

②默照禅：南宋初曹洞宗禅师宏智正觉所倡导的摄心静坐、内息攀缘，从而使内心澄寂而又明照万物的禅法。宏智正觉自述默照禅云："心本绝缘，法本无说……但直下排洗妄念尘垢，尘垢若净，廓然莹明……唯默默自知，灵灵独耀，与圣无异……怎么证底汉，便能应万机，入诸境，妙用灵通，自然

无碍矣。"(《宏智正觉禅师广录》卷六)这一禅法受到同时代的大慧宗杲强烈抨击,贬称其禅法为默照邪禅、无事禅、枯木死灰禅。

③"稍",卍本、荒本作"稍稍"。

④崖将:用力参究。

⑤"闹",卍本作"默"。

昔朱世英①尝以书问云庵真净和尚②,云:"佛法至妙,日用如何用心,如何体究,望慈悲指示。"真净曰:"佛法③至妙无二,但未至于妙,则互有长短。苟至于妙,则悟心之人,如实知自心究竟本来成佛,如实自在,如实安乐,如实解脱,如实清净。而日用唯用自心,自心变化,把得便用,莫问是之与非。拟心思量,早不是也。不拟心,一一天真,一一明妙,一一如莲华不著水,心清净超于彼。所以迷自心故,作众生;悟自心故,成佛。而众生即佛,佛即众生,山迷悟故,有彼此也。如今学道人,多不信自心,不悟自心,不得自心明妙受用,不得自心安乐解脱,心外妄有禅道,妄立奇特,妄生取舍。纵修行,落外道④二乘⑤禅寂断见境界。"⑥

【校注】

①朱世英:名显谟,字世英,真净克文禅师的学生,曾于北宋晚期于临川、南昌、漕江等地为官。参见《林间录》卷下。

②云庵真净和尚:即真净克文(1025~1102),北宋禅僧,陕府阌乡(今河南陕县)人,俗姓郑,号云庵,师从黄龙慧南。参见《五灯会元》卷十七。

③佛法，卍本作"法佛"。

④外道：原指佛教以外的一切宗教学说，后来附加异见邪说之义，成为背离佛法真理的贬称。

⑤二乘：指声闻乘与缘觉乘。声闻乘，指由于闻佛声教而知苦、集、灭、道四谛的道理，从而悟道的人。缘觉乘，指因观十二缘生之理而悟道的人。大乘佛教认为，声闻、缘觉二乘虽有所悟，但仍有妄执。

⑥此段引文引自《林间录》卷下。

所谓修行恐落断常①坑，其断见者，断灭②自心本妙明性，一向心外著空、滞禅寂。常见者，不悟一切法空，执著世间诸有为法，以为究竟也。邪师辈教士大夫摄心静坐，事事莫管，休去歇去。岂不是将心休心、将心歇心、将心用心？若如此修行，如何不落外道二乘禅寂断见境界？如何显得自心明妙受用、究竟安乐、如实清净、解脱变化之妙？须是当人自见得、自悟得，自然不被古人言句转，而能转得古人言句。如清净摩尼③宝珠，置泥潦之中，经百千岁，亦不能染污，以本体自清净故。此心亦然。正迷时为尘劳所惑，而此心体本不曾惑，所谓如莲华不著水也。忽若悟得此心本来成佛，究竟自在，如实安乐，种种妙用亦不从外来，为本自具足故。

黄面老子④曰："无有定法，名阿耨多罗三藐三菩提⑤，亦无有定法如来可说。"若确定本体实有怎么事，又却不是也。事不获已，因迷悟取舍故，说道理有若干，为未至于妙者方便语耳，其实本体亦无若干。请公只怎么用心，日用二六时中，不得执生死佛道是有，不得拨生死佛道归无，但只看："狗子还有佛性也无？赵州云：无。"切不可向意根下卜度，不可向言语上作活计，又不得向开口处承当，又不得向击石火闪电光处会，"狗子还有佛性也无？无"。但只如此参，亦不得将心待悟、待休歇，若将心待悟、待休歇，则转没交涉矣。

【校注】

①断常：断见与常见。

②"断灭"，卍本、荒本作"断灭却"。

③摩尼：意译为珠或宝珠。传说摩尼有消除灾难、疾病，及澄清浊水、改变水色之功能，凡意有所求，此珠皆能出之，故又称为如意宝珠。佛教常以摩尼珠比喻如来藏、佛性。

④黄面老子：指释迦牟尼。其后引文出自《金刚经》无得无说分第七。

⑤阿耨多罗三藐三菩提：意译为无上正等正觉，即真正平等觉知一切真理的无上智慧。

十五、答陈少卿季任　第二书

示谕：自得山野向来书之后，每遇闹中躲避不得处，常自点检，而未有著力工夫。

只这躲避不得处，便是工夫了也。若更著力点检，则又却远矣。昔魏府老华严①云："佛法在日用处、行住坐卧处、吃茶吃饭处、语言相问处、所作所为处。举心动念，又却不是也。"正当躲避不得处，切忌起心动念，作点检想。祖师②云："分别不生，虚明自照。"又庞居士③云："日用事无别，唯吾自偶谐。头头非取舍，处处勿张乖。朱紫谁为号，丘山绝点埃。神通并妙用，运水及搬柴。"又先圣④云："但有心分别计较，自心见量者，悉皆是梦。"切记取。

躲避不得时，不得更拟心。不拟心时，一切现成。亦不用理会利，亦不用理会钝。总不干他利钝之事，亦不干他静乱之事。正当躲避不得时，忽然打失布袋，不觉抃掌大笑矣。记取记取！此事若用一毫毛工夫取证，则如人以手撮摩虚空，只益自劳耳。应接时但应接，要得静坐但静坐。坐时不得执著坐底为究竟。今时邪师辈，多以默照静坐为究竟法，疑误后昆。山野不怕结怨，力诋之，以报佛恩，救末法⑤之弊也。

【校注】

①魏府老华严：即天钵怀洞，师从兴化存奖，其后引语出自《云卧纪谈》卷下。

②祖师：所指不明。僧璨《信心铭》有"一心不生……虚照自明"语。

③庞居士：指庞蕴。详见《答曾侍郎》第三书校注。其后引文见于《唐诗纪事》卷四十九。

④先圣：指菩提达摩。其后引文出自《安心法门》。

⑤末法：指佛法的衰微时期。佛教将佛法的流行演变分三个时期，即正法时期、像法时期、末法时期。正法时期一千年，像法时期一千年，末法时期一万年。

十六、答赵待制道夫①

示谕一一备悉。佛言："有心者皆得作佛。"②此心非世间尘劳妄想心，谓发无上大菩提心。若有是心，无不成佛者。士大夫学道，多自作障难，为无决定信故也。佛又言："信为道元功德母，长养一切诸善法；断除疑网出爱流，开示涅槃无上道。"③又云："信能增长智功德，信能必到如来地。"

示谕："钝根未能悟彻，且种佛种子于心田。"此语虽浅近，然亦深远。但办④肯心，必不相赚。今时学道之士，往往缓处却急，急处却放缓。庞公⑤云："一朝蛇入布裈⑥裆，试问宗师甚时节。"昨日事今日尚有记不得者，况隔阴事，岂容无忘失耶？决欲今生打教彻，不疑佛，不疑祖，不疑生，不疑死，须有决定信，具决定志，念念如救头然⑦。如此做将去，打未彻时，方始可说根钝耳。若当下便自谓我根钝，不能今生打得彻，且种佛种结缘，乃是不行欲到，无有是处。

【校注】

①据《大慧普觉禅师年谱》，本书为大慧宗杲五十一岁时作。赵待制，字道夫，生平不详。待制，官职名。

②③引语出自《华严经·贤首品》。

④"办"，荒本作"辨"。

⑤庞公：指庞蕴。详见《答曾侍郎》第三书校注。其后引

文见于《唐诗纪事》卷四十九。
⑥"裩",大正本作"裈"。裩,裤子。
⑦"然",同燃。

某[①]每为信此道者说,渐觉得日用二六时中省力处,便是学佛得力处也。自家得力处,他人知不得,亦拈出与人看不得。卢行者[②]谓道明上座[③]曰:"汝若返照自己本来面目,密意尽在汝边是也。"密意者,便是日用得力处也。得力处便是省力处也。世间尘劳事,拈一放一,无穷无尽。四威仪内,未尝相舍,为无始时来,与之结得缘深故也。般若智慧,无始时来,与之结得缘浅故也。乍闻知识说著,觉得一似难会。若是无始时来,尘劳缘浅,般若缘深者,有甚难会处。但深处放教浅,浅处放教深;生处放教熟,熟处放教生。才觉思量尘劳事时,不用著力排遣,只就思量处轻轻拨转话头。省无限力,亦得无限力。

请公只如此崖将去。莫存心等悟,忽地自悟去。参政公想日日相会,除围碁[④]外,还曾与说著这般事否?若只围碁,不曾说著这般事,只就黑白未分处,掀了盘、撒了子,却问他索取那一著。若索不得,是真个钝根汉。姑置是事。

【校注】
①"某",卍本、荒本作"某"。
②卢行者:指六祖慧能。详见《答李参政》第一书校注。
③道明上座:指蒙山道明。详见《答李参政》第一书校注。
④"碁",通"棋"。

十七、答许司理寿源 第一书①

黄面老子曰："信为道元功德母，长养一切诸善法。"又云："信能增长智功德，信能必到如来地。"②欲行千里，一步为初。十地菩萨③断障证法门，初从十信④而入，然后登法云地而成正觉。初欢喜地，因信而生欢喜故也。若决定竖起脊梁骨，要做世出世间没量汉，须是个生铁铸就底方了得。若半明半暗、半信半不信，决定了不得。此事无人情，不可传授。须是自家省发，始有趣向分。若取他人口头办⑤，永劫无有歇时。千万十二时中，莫令空过。逐日起来应用处，圆陀陀地，与释迦、达磨无少异。自是当人见不彻、透不过，全身跳在声色里，却向里许求出头，转没交涉矣。

此事亦不在久参知识、遍历丛林而后了得。而今有多少在丛林，头白齿黄，了不得底；又有多少乍入丛林，一拨便转，千了百当底。发心有先后，悟时无先后。昔李文和⑥都尉参石门慈照⑦，一句下承当，便千了百当。尝有偈呈慈照云："学道须是铁汉，著手心头便判；直取无上菩提，一切是非莫管。"⑧但从脚下崖将去，死便休，不要念后思前，亦不要生烦恼。烦恼则障道也。祝祝。

【校注】

①据《大慧普觉禅师年谱》，本书作于南宋高宗绍兴十年

(1140)、宗杲五十二岁时。许司理，字寿源，生平不详。司理，官职名。

②黄面老子：指释迦牟尼。引文出自《华严经·贤首品》。

③十地菩萨：十地，泛指菩萨修行的十个阶位，欢喜地、离垢地、明地、焰地、难胜地、现前地、远行地、不动地、善慧地、法云地。修行到法云地的菩萨称十地菩萨。

④十信：菩萨五十二位修行位次中的前十位，具称十信心，略称十心或十信。分别是信心、念心、精进心、定心、慧心、戒心、回向心、护法心、舍心、愿心。

⑤"办"，荒本作"辨"。

⑥李文和：指李遵勖（？~1038），字公武，号文和，宋代进士，任左龙武军驸马都尉。曾礼谒谷隐蕴聪而大悟，尝作偈云："参禅须是铁汉，著手心头便判；直趣无上菩提，一切是非莫管。"自此往来于禅客间，与慈明楚圆、杨亿等禅者结交。北宋天圣年间（1023~1032）上呈所编《天圣广灯录》三十卷，另著有《闲宴集》二十卷、《外馆芳题》七卷。参见《宋史》卷四百六十四。

⑦石门慈照：即谷隐蕴聪（965~1032），北宋禅僧，广东南海人，俗姓张，参首山省念大悟。北宋天禧四年（1020），住谷隐山太平兴国禅寺，徒众过千人。北宋天圣十年（1032）示寂，谥号"慈照禅师"，李遵勖撰碑文。其思想资料有《凤岩集》一卷。

⑧引文出自《五灯会元》卷十二。

十八、答许司理寿源　第二书

左右①具正信、立正志，此乃成佛作祖基本也。山野因以湛然名公道号。如水之湛然不动，则虚明自照，不劳心力。世间出世间法不离，湛然无纤毫透漏。只以此印，于一切处印定，无是无不是。一一解脱，一一明妙，一一实头，用时亦湛然，不用时亦湛然。祖师②云："但有心分别计较自心见量者，悉皆是梦。若心识寂灭，无一动念处，是名正觉。"觉即正，则于日用二六时中见色闻声、嗅香了味、觉触知法、行住坐卧、语默动静，无不湛然，亦自不作颠倒想。有想无想，悉皆清净。既得清净，动时显湛然之用，不动时归湛然之体。体用虽殊，而湛然则一也。如析旃檀，片片皆旃檀。

今时有一种杜撰汉，自己脚跟下不实，只管教人摄心静坐，坐教绝气息。此辈名为真可怜愍。请公只恁么做工夫。山野虽然如此指示公，真不得已耳。若实有恁么做工夫底事，即是污染公矣。此心无有实体，如何硬收摄得住？拟收摄，向甚处安著？既无安著处，则无时无节、无古无今、无凡无圣、无得无失、无静无乱、无生无死，亦无湛然之名，亦无湛然之体，亦无湛然之用，亦无恁么说湛然者，亦无恁么受湛然说者。若如是见得彻去，径山亦不虚作此号，左右亦不虚受此号。如何如何？

【校注】
①左右:阁下,指对方。
②祖师:指达摩,其后引文出自《安心法门》。

卷三

十九、答刘宝学彦修①

即日炁溽，不审燕处悠然，放旷自如，无诸魔挠否？日用四威仪内，与"狗子无佛性"话一如否？于动静二边能不分别否？梦与觉合否？理与事会否？心与境皆如否？老庞云："心如境亦如，无实亦无虚。有亦不管，无亦不拘。不是圣贤，了事凡夫。"②若真个作得个了事凡夫，释迦、达磨是甚么泥团土块？三乘③十二分教④是甚么热盌⑤鸣声？公既于此个门中，自信不疑，不是小事。要须生处放教熟，熟处放教生，始与此事少分相应耳。往往士大夫，多于不意中得个瞥地处，却于如意中打失了。不可不使公知。在如意中，须时时以不如意中时节在念，切不可暂忘也。但得本，莫愁末。但知作佛，莫愁佛不解语。这一著子得易守难，切不可忽。须教头正尾正，扩而充⑥之，然后推己之余以及物。左右所得，即不滞在一隅，想于日用中，不著起心管带，枯心忘怀也。

【校注】

①据《大慧普觉禅师年谱》，此书作于南宋高宗绍兴九年（1139）、宗杲五十一岁时。刘宝学，名子羽，字彦修，建之崇安人。彦修随张浚在川陕与金兵作战多年，屡有战功，曾任宝文阁直学士。据载，吏部郎官朱松之曾将其子朱熹托彦修及其弟彦冲教导。参见《宋史》卷三百七十。

②引文出自《庞居士语录》卷上。

③三乘:"乘",原指交通工具,佛教用它譬喻运载众生渡生死苦海至涅槃彼岸的法门。三乘即声闻乘、缘觉乘与菩萨乘。声闻乘知苦断集、慕灭修道,以四谛为乘。缘觉乘观十二因缘,由因缘生灭而悟非生非灭,以十二因缘为乘。菩萨乘求无上菩提,愿度一切众生,修六度万行,以六度为乘。

④十二分教:佛典依文体与内容分为十二种,称为十二分教,或译为十二部经、十二分圣教。这十二种分别是:契经、祇夜、记别、讽颂、自说、因缘、譬喻、本事、本生、方广、未曾有法、论议。十二分教是在经典结集的历史中逐渐形成的,因此在不同的部派中有不同的排列次序。也有部派主张只有九分教。

⑤"盌",通"碗"。大正本作"碗"。

⑥"充",荒本作"克"。

近年已①来,禅道佛法衰弊之甚,有般杜撰长老,根本自无所悟,业识茫茫无本可据,无实头伎俩。收摄学者,教一切人如渠相似,黑漆漆地紧闭却眼,唤作默而常照。彦冲②被此辈教坏了,苦哉苦哉!这个话,若不是左右③悟得"狗子无佛性",径山亦无说处。千万捋下面皮,痛与手段,救取这个人,至恳至祷。然有一事,亦不可不知④。此公清净自居,世味澹薄,积有年矣,定执此为奇特。若欲救之,当与之同事,令其欢喜,心不生疑,庶几信得及,肯转头来。净名所谓"先以欲钩⑤牵,后令入佛智"⑥是也。黄面老子云:"观法先后以智分别,是非审定不违法印,次第建立无边行门,令诸众生断一切疑。"⑦此乃为物作则,万世楷模也。况此公根性与左右迥不同,

"生天定在灵运⑧前，成佛定在灵运后"⑨者也。此公决定不可以智慧摄，当随所好摄，以日月磨之。恐自知非，忽然肯舍，亦不可定。若肯转头来，却是个有力量底汉。左右亦须退步让渠出一头始得。比昤禅⑩归，录得渠答紫岩老子⑪一书。山僧随喜读一遍，赞叹欢喜累日。直是好一段文章，又似一篇大义。末后与之下个谨对，不识左右以谓如何？

【校注】

①"已"，荒本作"以"。

②彦冲：刘彦修之弟。参见《答刘通判彦冲》第一书校注。

③左右：阁下，指对方。

④"不可不知"，荒本作"不可不可知"。

⑤"钩"，荒本作"钓"。

⑥引语出自《维摩诘经·弘道品》。

⑦引语出自《华严经·明法品》。

⑧灵运：指谢灵运（385～433），刘宋时代的著名文学家。曾任散骑常侍、太子左卫率诸官。信仰佛教，与庐山慧远、慧琳诸僧结为深交。尝著《辩宗论》，述道生顿悟之说。又与慧严、慧观等人将北本《涅槃经》（四十卷）加以修编而成南本《涅槃经》（三十六卷）。

⑨此为谢灵运蔑视当时的太守孟顗之语。《南史·列传·谢灵运传》载："太守孟顗事佛精恳，而为灵运所轻。尝谓顗曰：'得道应须慧业。丈人生天当在灵运前，成佛必在灵运后。'顗深恨此言。"

⑩昤禅：宗杲的学生。

⑪紫岩老子：指张浚。参见《答张丞相》校注。

昔达磨谓二祖①曰："汝但外息诸缘，内心无喘，心如墙壁，可以入道。"②二祖种种说心说性，俱不契。一日忽然省得达磨所示要门。遽白达磨曰："弟子此回始息诸缘也。"达磨知其已悟，更不穷诘。只曰："莫成断灭去否？"曰："无。"达磨曰："子作么生？"曰："了了常知故，言之不可及。"达磨曰："此乃从上诸佛诸祖所传心体。汝今既得，更勿疑也。"③

彦冲云："夜梦昼思，十年之间未能全克。或端坐静默，一空其心，使虑无所缘，事无所托，颇觉轻安。"读至此不觉失笑。何故？既虑无所缘，岂非达磨所谓"内心无喘"乎？事无所托，岂非达磨所谓"外息诸缘"乎？二祖初不识达磨所示方便，将谓"外息诸缘，内心无喘"，可以说心说性、说道说理，引文字证据，欲求印可。所以达磨一一列下，无处用心，方始退步，思量心如墙壁之语，非达磨实法，忽然于墙壁上顿息诸缘，即时见月亡指。便道："了了常知故，言之不可及。"此语亦是临时被达磨拶④出底消息，亦非二祖实法也。

【校注】

①二祖：指慧可。慧可，武牢（今河南荥阳）人，俗姓姬，名光，据传他是中国禅宗第二代祖师。参见《景德传灯录》卷三。

②③引文见于《景德传灯录》卷三《第二十八祖菩提达摩大师别记》。

④拶：音zā，逼迫之意。

杜撰长老辈,既自无所证,便逐旋捏合,虽教他人歇,渠自心火熠熠,昼夜不停,如欠二税百姓相似。彦冲却无许多劳攘,只是中得毒深,只管外边乱走,说动说静,说语说默,说得说失,更引《周易》内典,硬差排和会。真是为他闲事长无明,殊不思量一段生死公按①,未曾结绝。腊月三十日作么生折合去?不可眼光欲落未落时,且向阎家老子②道:"待我澄神定虑少时,却去相见得么?"当此之时,纵横无碍之说亦使不著,心如木石亦使不著。须是当人生死心破始得。若得生死心破,更说甚么澄神定虑?更说甚么纵横放荡?更说甚么内典外典?一了一切了,一悟一切悟,一证一切证。如斩一结丝,一斩一时断。证无边法门亦然,更无次第。左右既悟"狗子无佛性"话,还得如此也未?若未得如此,直须到恁么田地始得?若已到恁么田地,当以此法门兴起大悲心,于逆顺境中和泥合水,不惜身命,不怕口业,拯拔一切,以报佛恩,方是大丈夫所为。若不如是,无有是处。

【校注】

①"公按",即"公案",校本均作"公案"。
②阎家老子:即阎罗王,参见《答曾侍郎》第六书校注。

彦冲引孔子称"易之为道也屡迁"①,和会佛书中"应无所住而生其心"②为一贯。又引"寂然不动",与土木无殊。此尤可笑也。向渠道,欲得不招无间业③,莫谤如来正法轮。故经④云:"不应住色生心,不应住声香味触法生心。"谓此广大寂灭妙心,不可以色见声求。"应无所住",谓此心无实体也;"而生其心",谓此心非离真而立处,立处即真也。孔子称"易之为道也屡迁",非谓此也。屡者,荐也。迁者,革也。吉凶悔吝生乎动。屡迁之旨,返常合道也。如何与"应无所住而生其心"合得成一块?

彦冲非但不识佛意,亦不识孔子意。左右于孔子之教出没如游园观,又于吾教深入阃⑤域。山野如此杜撰,还是也无?故圭峰⑥云:"元亨利贞,乾之德也,始于一气。常乐我净,佛之德也,本乎一心。专一气而致柔,修一心而成道。"⑦此老如此和会,始于儒释二教,无偏枯、无遗恨。彦冲以"应无所住而生其心",与"易之屡迁"大旨同贯,未敢相许。若依彦冲差排,则孔夫子与释迦老子,煞⑧著买草鞋始得。何故?一人屡迁,一人无所住。想读至此,必绝倒也。

【校注】

①引文见于《周易·系辞传》。

②引文见于《金刚经》。

③无间业:受苦没有间断的五种大恶业。

④经:指《金刚经》。

⑤阃:音 kǔn,城郭的门槛。

⑥圭峰:指圭峰宗密(780~841),唐代果州西充(今四川西充)人,初承受荷泽宗禅法,精研《圆觉经》,后又从澄观学《华严经》,有关《圆觉经》、《华严经》和禅宗的著述多种。为华严宗第五祖,也是禅宗荷泽禅的传人。他曾长住圭峰(今陕西西安鄠邑区东南)草堂寺,并且寂后葬于此,故后世以圭峰称之。

⑦引文见于宗密《圆觉经大疏·自序》。

⑧"煞",同"杀"。

二十、答刘通判彦冲　第一书①

令兄宝学公，初未尝知管带忘怀之事，信手摸著鼻孔。虽未尽识得诸方邪正，而基本坚实，邪毒不能侵，忘怀管带在其中矣。若一向忘怀管带，生死心不破，阴魔得其便，未免把虚空隔截作两处，处静时受无量乐，处闹时受无量苦。要得苦乐均平，但莫起心管带，将心忘怀。十二时中，放教荡荡地。忽尔旧习瞥起，亦不著用心按捺，只就瞥起处，看个话头。"狗子还有佛性也无？""无。"正恁么时，如红炉上一点雪相似。眼办②手亲者，一蹉蹉得，方知懒融③道"恰恰用心时，恰恰无心用。曲谈名相劳，直说无④繁重。无心恰恰用，常用恰恰无。今说无心处，不与有心殊"，不是诳人语。

【校注】

①据《大慧普觉禅师年谱》，本书作于南宋高宗绍兴九年（1139）、宗杲五十一岁时。刘通判，名子翚，字彦冲，号屏山先生，朱熹年少时的老师之一，曾任兴化军通判。参见《宋史》卷四百三十四。

②"办"，荒本作"辨"。

③懒融：即牛头法融，据传为四祖道信的法嗣。之后引文见于《景德传灯录》卷四。

④"无"，大正本作"犹"。

昔婆修槃头①，常一食不卧，六时②礼佛，清净无欲，为众所归。二十祖阇夜多③将欲度之，问其徒曰："此遍行头陀，能修梵行，可得佛道乎？"其徒曰："我④师精进如此，何故不可。"阇夜多曰："汝师与道远矣。设苦行历于尘劫，皆虚妄之本也。"其徒不愤⑤，皆作色厉声，谓阇夜多曰："尊者蕴何德行，而讥我师？"阇夜多曰："我不求道，亦不颠倒。我不礼佛，亦不轻慢。我不长坐，亦不懈怠。我不一食，亦不杂食。我不知足，亦不贪欲。心无所希，名之曰道。"⑥婆修闻已，发无漏智。所谓先以定动，后以智拔也。

【校注】

①婆修槃头：传为禅宗第二十一祖。参见《景德传灯录》卷二。

②六时：指一昼夜，包括早晨、日中、日没、初夜、中夜、后夜。

③阇夜多：传为禅宗第二十祖。参见《景德传灯录》卷二。

④"我"，荒本作"吾"。

⑤"不愤"，荒本作"不胜其愤"。

⑥引文见于《景德传灯录》卷二。

杜撰长老辈，教左右①静坐等作佛，岂非虚妄之本乎？又言："静处无失，闹处有失。"岂非坏世间相而求实相乎？若如此修行，如何契得懒融所谓"今说无心处，不与有心殊"。请公于此谛当思量看。婆修初亦将谓长坐不卧可以成佛，才被阇夜多点破，便于言下知归，发无漏智。真是良马见鞭影而行也。

众生狂乱是病，佛以寂静波罗蜜②药治之。病去药存，其病愈甚。拈一放一，何时是了？生死到来，静闹两边都用一点不得。莫道闹处失者多，静处失者少。不如少与多、得与失、静与闹，缚作一束，送放他方世界。却好就日用非多非少、非静非闹、非得非失处，略提撕，看是个甚么？无常迅速，百岁光阴一弹指顷便过也。更有甚么闲工夫，理会得、理会失、理会静、理会闹、理会多、理会少、理会忘怀、理会管带？石头和尚③云："谨白参玄人，光阴莫虚度。"这一句子，开眼也著，合眼也著，忘怀也著，管带也著，狂乱也著，寂静也著，此是径山如此差排。想杜撰长老辈，别有差排处也。咄！且置是事。

【校注】

①左右：阁下，指对方。

②波罗蜜：全称为"波罗蜜多"，意为"到彼岸"。

③石头和尚：即石头希迁（700~790），中唐禅僧，端州高要（今广东高要）人，俗姓陈，先后师事六祖慧能、青原行思，得青原行思印可。唐天宝（742~755）初年，居衡山南寺，结庵坐禅于寺东石台上，大扬宗风，世称石头和尚。著有《参同契》、《草庵歌》各一篇。其后引文出自《参同契》。

二十一、答刘通判彦冲　第二书

　　左右①做静胜工夫，积有年矣。不识于开眼应物处，得心地②安闲否？若未得安闲，是静胜工夫未得力也。若许久犹未得力，当求个径截得力处，方始不辜③负平昔许多工夫也。平昔做静胜工夫，只为要支遣个闹底。正闹时却被闲④底聒扰自家方寸，却似平昔不曾做静胜工夫一般耳。这个道理，只为太近。远不出自家眼睛里，开眼便刺著，合眼处亦不欠⑤少。开口便道著，合口处亦自现成。拟欲起心动念承当，渠早已⑥蹉过十万八千了也。直是无你用心处，这个最是省力。

　　而今学此道者，多是要用力求。求之转失，向之愈背，那堪堕在得失解路上。谓：闹处失者多，静处失者少。左右在静胜处住了二十余年，试将些子得力底来看则个。若将椿椿地底做静中得力处，何故却向闹处失却？而今要得省力，静闹一如，但只透取赵州"无"字。忽然透得，方知静闹两不相妨，亦不著用力支撑，亦不作无支撑解矣。

【校注】
①左右：阁下，指对方。
②心地：心为万法之本，能生一切诸法，故名心地。
③"辜"，卍本、荒本"孤"。
④"闲"，南本、径本、大正本、卍本、荒本作"闹"。

⑤ "欠",大正本作"缺"。
⑥ "已",原本及卍本作"巳",据大正本、荒本改。

二十二、答秦国太夫人①

谦②禅归,领所赐教,并亲书数颂。初亦甚疑之,及询谦子细,方知不自欺。旷劫未明之事,豁尔现前,不从人得。始知法喜禅悦之乐,非世间之乐可比。山野为国太欢喜,累日寝食俱忘。儿子作宰相③,身作国夫人,未足为贵。粪扫堆头收得无价之宝,百劫千生受用不尽,方始为真贵耳。然切不得执著此贵,若执著,则堕在尊贵中,不复兴悲起智,怜愍有情耳。记取记取。

【校注】
①秦国太夫人:姓计,名法真,张浚之母。
②谦:指开善道谦。
③儿子作宰相:张浚曾任宰相。

二十三、答张丞相①德远

恭惟,燕居阿练若②,与彼上人同会一处,娱戏毗卢藏海,随宜作佛事,少病少恼,钧候动止万福。从上诸圣莫不皆然。所以③:"于念念中,入一切法,灭尽三昧。不退菩萨道,不舍菩萨事,不舍大慈悲心,修习波罗蜜,未尝休息。观察一切佛国土,无有厌倦。不舍度众生愿,不断转法轮事,不废教化众生业,乃至所有胜愿,皆得圆满。了知一切国土差别,入佛种性到于彼岸。"④此大丈夫四威仪中受用家事耳。大居士于此力行无倦,而妙喜于此亦作普州人。又,不识还许外人插手否?闻到长沙即杜口毗耶⑤,深入不二。此亦非分外,法如是故。愿居士如是受用,则诸魔外道,定来作护法善神也。其余种种差别异旨,皆自心现量境界,亦非他物也。不识居士以为如何?

【校注】

①张丞相:名浚,字德远,汉州绵竹人,南宋初主战派主要人物,历任秦凤路总管、川陕处置宣抚使等职,于南宋高宗建炎五年(1131)、南宋孝宗隆兴元年(1163)两次入相。

②阿练若:又作阿兰若,意为寂静处,是佛教出家人所居住的寺院总称。

③"以",卍本、荒本作"谓"。

④引文出自《华严经·十通品》。

⑤杜口毗耶：见于《维摩诘经·入不二法门品》。毗耶，为维摩诘居士所住之城市。维摩诘就不二法门与众菩萨问答，众菩萨纷纷言说不二之义，最后文殊问维摩诘，维摩诘杜口，默而不答，文殊乃叹服。此处意为杜绝世缘、闭门静修。

二十四、答张提刑旸叔①

老居士所作所为，冥与道合，但未能得团②地一下耳。若日用应缘，不失故步，虽未得团地一下，腊月三十日，阎家老子亦须拱手归降，况一念相应耶？妙喜老汉虽未目击，观其行事，小大折中无过不及，只此便是道所合处。到这里不用作尘劳想，亦不用作佛法想。佛法尘劳都是外事。然亦不得作外事想。但回光返照，作如是想者从甚么处得来？所作所为时，有何形段？所作既办，随我心意，无不周旋，无有少剩。正③恁么时，承谁恩力？如此做工夫，日久月深，如人学射，自然中的矣。

【校注】

①据《大慧普觉禅师年谱》，此书作于南宋高宗绍兴十年（1140）、宗杲五十二岁时。张提刑，字旸叔，生平不详。

②团：音 duò。表示用力之声。

③"正"，卍本、荒本作"正当"。

众生颠倒，迷己逐物，耽少欲味，甘心受无量苦。逐日未开眼时、未下床时、半惺①半觉时，心识已纷飞，随妄想流荡矣。作善作恶，虽未发露，未下床时，天堂地狱在方寸中，已一时成就矣。及待发时，已落在第八②。佛不云乎："一切诸根，自心现。器身等藏，自妄想相施设显示。如河流、如种子，如灯、如风、如云，刹那展转坏。躁动如猿猴，乐不净处如飞蝇，无厌足如风火，无始虚伪习气因，如汲水轮等事。"③于此识得破，便唤作无人无我知④。天堂地狱不在别处，只在当人半惺半觉、未下床时方寸中，并不从外来。发、未发，觉、未觉时，切须照顾。照顾时亦不得与之用力争，争著则费力矣。

【校注】

①"惺"，大正本作"惶"。

②第八：指唯识学八种识中的第八识阿赖耶识，意译为一切种识、藏识、异熟识、根本识，它含藏着个人一切认识活动、心理活动、染净、善恶的种子，是生死流转的根本，亦是转识成智、成就佛道的根本。

③引文出自《楞伽经》卷一《一切佛语心品》。

④"知"，卍本、荒本作"智"。

祖①不云乎："止动归止，止更弥动。"才觉日用尘劳中渐渐省力时，便是当人得力之处，便是当人成佛作祖之处，便是当人变地狱作天堂之处，便是当人稳坐之处，便是当人出生死之处，便是当人致君于尧舜之上之处，便是当人起疲氓于凋瘵②之际之处，便是当人覆荫子孙之处。到这里说佛说祖、说心说性、说玄说妙、说理说事、说好说恶，亦是外边事。如是等事，尚属外矣，况更作尘劳中先圣所诃之事耶？作好事尚不肯，岂肯作不好事耶？若信得此说及，永嘉③所谓"行亦禅坐亦禅，语默动静体安然"④，不是虚语。请依此行履，始终不变易，则虽未彻证自己本地风光，虽未明见自己本来面目，生处已熟，熟处已生矣。切切记取。

【校注】

①祖：指中国禅宗三祖僧璨。之后引文见《信心铭》。

②瘵：音 zhài，指困顿、生病。

③永嘉：即永嘉玄觉（665~713）。温州永嘉人，俗姓戴，字明道。出家后，遍览三藏，精于天台止观圆妙法门，后参拜禅宗六祖慧能，慧能留住一宿，时谓"一宿觉"。后弘法一方，为慧能门下五大宗匠之一。著有《证道歌》一篇、《禅宗悟修圆旨》一卷、《永嘉集》十卷。参见《景德传灯录》卷五、《五灯会元》卷二。

④引文出自《证道歌》。

才觉省力处，便是得力处也。妙喜老汉①每与个中人说此话，往往见说得频了，多忽之，不肯将为事。居士试如此做工夫看，只十余日，便自见得省力不省力、得力不得力矣。如人饮水，冷暖自知。说与人不得，呈似人不得。先德②云："语证则不可示人，说理则非证不了。"自证自得、自信自悟处，除曾证曾得、已信已悟者，方默默相契。未证未得、未信③未悟者，不唯自不信，亦不信他人有如此境界。老居士天资近道，现定所作所为，不著更易。以他人较之，万分中已省得九千九百九十九分，只欠喷地一发便了。

【校注】

①妙喜老汉：宗杲自称。

②先德：指清凉澄观（738~839）。晚唐僧，华严宗第四祖，越州山阴（今浙江绍兴）人，俗姓夏侯，字大休，号清凉国师。之后引文见《答皇太子问心要》。

③"信"，卍本作"学"。

士大夫学道，多不著实理会，除却口议心思，便茫然无所措手足，不信无措手足处正是好处，只管心里要思量得到，口里要说得分晓。殊不知，错了也！佛言："如来以一切譬喻说种种事，无有譬喻能说此法。何以故？心智路绝，不思议故。"①信知思量分别，障道必矣。若得前后际断，心智路自绝矣。若得心智路绝，说种种事，皆此法也。此法既明，即此明处便是不思议大解脱境界。只此境界亦不可思议。境界既不可思议，一切譬喻亦不可思议，种种事亦不可思议。只这不可思议底，亦不可思议。此语亦无著处，只这无著处底，亦不可思议。如是展转穷诘，若事若法，若譬喻若境界，如环之无端，无起处无尽处，皆不可思议之法也。所以云："菩萨住是不思议，于中思议不可尽。"②入此不可思议处，思与非思皆寂灭。然亦不得住在寂灭处，若住在寂灭处，则被法界③量之所管摄，教中谓之法尘④烦恼。灭却法界量，种种殊胜一时荡尽了，方始好看"庭前柏树子"⑤、"麻三斤"⑥、"干屎橛"⑦、"狗子无佛性"⑧、"一口吸尽西江水"⑨、"东山水上行"⑩之类。忽然一句下透得，方始谓之法界。无量回向，如实而见，如实而行，如实而用，便能于一毛端现宝王刹，坐微尘里转大法轮，成就种种法，破坏种种法，一切由我。如壮士展臂，不借他力。师子游行，不求伴侣。种种胜妙境界现前，心不惊异。种种恶业境界现前，心不怕怖。日用四威仪中，随缘放旷，任性逍遥。到得这个田地，方可说无天堂无地狱等事。

【校注】

①引文出自《华严经》卷五十二《如来出现品》。

②引文出自《华严经》卷三十《十回向品》。

③法界：法，泛指宇宙万有一切事物；界，含有分界、边际、性质之意。不同的事物各有其内涵性质和外延相状，称为"法界"。

④法尘：指意识所缘之境相，此等境相常引起烦恼，染污清净本心，故称法尘。

⑤"庭前柏树子"：见前《答曾侍郎》第五书校注。

⑥"麻三斤"：出自洞山守初。僧问洞山："如何是佛？"山云："麻三斤。"见《五灯会元》卷十五。

⑦"干屎橛"：出自云门文偃。僧问云门："如何是佛？"门云："干屎橛。"见《五灯会元》卷十五。

⑧"狗子无佛性"：见前《答曾侍郎》第五书校注。

⑨"一口吸尽西江水"：见前《答曾侍郎》第五书校注。

⑩"东山水上行"：出自云门文偃。僧问："如何是佛出身处？"云门答："东山水上行。"见《五灯会元》卷十五。

永嘉云："亦无人、亦无佛，大千沙界海中沤，一切圣贤如电拂。"①此老若不到这个田地，如何说得出来？此语错会者甚多。苟未彻根源，不免依语生解，便道一切皆无，拨无因果，将诸佛诸祖所说言教，尽以为虚，谓之诳惑人。此病不除，乃莽莽荡荡招殃祸者也。

佛言："虚妄浮心多诸巧见。"②若不著有，便著无。若不著此二种，便③于有无之间搏④量卜度。纵识得此病，定在非有非无处著到。故先圣苦口叮咛，令离四句绝百非，直下一刀两段，更不念后思前，坐断千圣顶额。四句者，乃有、无、非有非无、亦有亦无是也。若透得此四句了，见说一切诸法实有，我亦随顺与之说有，且不被此实有所碍。见说一切诸法实无，我亦随顺与之说无，且非世间虚豁之无。见说一切诸法亦有亦无，我亦随顺与之说亦有亦无，且非戏论。见说一切诸法非有非无，我亦随顺与之说非有非无，且非相违。净名云"外道六师⑤所堕，汝亦随堕"⑥，是也。

【校注】

①引文出自永嘉玄觉著《证道歌》。

②引文出自《圆觉经·金刚菩萨章》。

③"便"，大正本作"种"。

④"搏"，卍本、荒本作"博"。

⑤外道六师：佛陀时代印度佛教以外之其他学派的六位代表人物。即：（一）阿耆多，顺世论的先驱。他反对梵天创世说，否定灵魂不死和轮回转生。认为人与世界皆由地、水、火、风"四大"构成，人生的幸福不在天堂和来世，就在今生当前，主张追求现世的享乐。（二）尼乾子，耆那教的创始人。认为一切有生命和无生命的物类都有灵魂，人的现世是前世业决定的。因此提倡通过极端的苦行来消除前世的业力。

(三)富兰那,主张"无因无缘"的偶然论,没有造物主,没有善恶业报,因此人们可以为所欲为。(四)婆浮陀,认为人的身体是由地、水、火、风、苦、乐、命(灵魂)七元素构成的,七元素离散,人就死亡。(五)末伽黎,生活派的创始人。主张一切事物都由命运支配的宿命论,人在命运规律面前无能为力,人只能乐天听命,消极无为。(六)散惹夜,宣扬怀疑论和相对主义,一切都不能下断言,对来世因果等一切问题既不肯定也不否定。

⑥引文出自《维摩诘经·弟子品》。

士大夫学道,多不肯虚却心,听善知识指示。善知识才开口,渠已在言前一时领会了也。及至教渠吐露尽,一时错会。正好在言前领略底,又却滞在言语上。又有一种,一向作聪明说道理,世间种种事艺,我无不会者,只有禅一般我未会。在当官处呼①几枚杜撰长老②来,与一顿饭吃却了,教渠恣意乱说,便将心意识记取这杜撰说底,却去勘人。一句来一句去,谓之厮禅。末后我多一句,你无语时,便是我得便宜了也。及至撞著个真实明眼汉,又却不识。纵然识得,又无决定信。不肯四楞塌地③放下,就师家理会。依旧要求印可。及至师家于逆顺境中,示以本分钳锤,又却怕惧,不敢亲近。此等名为可怜愍者。老居士妙年登高第起家,所在之处,随时作利益事。文章事业皆过人,而未尝自矜。一心一意,只要退步著实理会此段大事因缘。见其至诚,不觉忉怛如许。非独要居士识得这般病痛,亦作劝发初心菩萨入道之资粮也。

【校注】

① "呼",荒本作"唤"。
② 杜撰长老:指宏智正觉为代表的默照禅倡导者。
③ 四楞塌地:虚心、脚踏实地。

二十五、答汪内翰彦章　第一书①

承杜门壁观,此息心良药也。若更钻故纸②,定引起藏识③中无始时来生死根苗,作善根难,作障道难无疑。得息心且息心。已过去底事,或善或恶,或逆或顺,都莫思量。现在事得省便省,一刀两段,不要迟疑。未来事自然不相续矣。释迦老子云:"心不妄取过去法,亦不贪著未来事。不于现在有所住,了达三世悉空寂。"④但看僧问赵州:"狗子还有佛性也无?"州云:"无。"请只把闲思量底心,回在"无"字上,试思量看。忽然向思量不及处,得这一念破,便是了达三世处也。了达时安排不得、计较不得、引证不得。何以故?了达处不容安排、不容计较、不容引证。纵然引证得、计较得、安排得,与了达底,了没交涉。但放教荡荡地,善恶都莫思量,亦莫著意,亦莫忘怀。著意则流荡,忘怀则昏沉。不著意不忘怀,善不是善,恶不是恶。若如此了达,生死魔何处摸索?

【校注】

① 本书作于南宋高宗绍兴十三年 (1143)、宗杲五十五岁

时。汪内翰,名藻,字彦章,饶州德兴(今江西德兴市)人,曾任兵部侍郎、翰林学士。参见《宋史》卷四百四十五。

②故纸:指佛教经典书籍。

③藏识:见前《答张提刑旸叔》校注。

④引文出自《华严经·十回向品》。

一个汪彦章,声名满天下。平生安排得、计较得、引证得底,是文章、是名誉、是官职。晚年收因结果处,那个是实?做了无限之乎者也,那一句得力?名誉既彰,与匿德藏光者相去几何?官职已做到大两制①,与作秀才时,相去多少?而今已近七十岁,尽公伎俩,待要如何?腊月三十日,作么生折合去?无常杀鬼,念念不停。

雪峰真觉②云:"光阴倏忽暂须臾,浮世那能得久居;出岭年登三十二,入闽早是四旬余。他非不用频频举,已过还须旋旋除;为报满城朱紫道,阎王不怕佩金鱼。"③古人苦口叮咛,为甚么事?世间愚庸之人,饥寒所迫,日用无他念,只得身上稍暖、肚里不饥便了。只是这两事,生死魔却不能为恼。以受富贵者较之,轻重大不等。受富贵底,身上既常暖,肚里又常饱,既不被这两事所迫,又却多一件不可说底无状。以故常在生死魔网中,无由出离。除宿有灵骨,方见得彻、识得破。先圣云:"瞥起是病,不续是药。不怕念起,唯恐觉迟。"佛者,觉也。为其常觉故,谓之大觉,亦谓之觉王。然皆从凡夫中做得出来。彼既丈夫,我宁不尔。百年光景能得几时,念念如救头然。做好事尚恐做不办④,况念念在尘劳中而不觉也?可畏可畏。

近收吕居仁⑤四月初书,报曾叔夏、刘彦礼死。居仁云:

"交游中,时复抽了一两人,直是可长⑥。"渠迩来为此事甚切,亦以瞥地回头稍迟为恨。比已作书答之云:"只以末后知非底一念为正,不问迟速也。知非底一念,便是成佛作祖底基本、破魔网底利器、出生死底路头也。"愿公亦只如此做工夫,做得工夫渐熟,则日用二六时中,便觉省力矣。觉得省力时,不要放缓,只就省力处崖将去。崖来崖去,和这省力处,亦不知有时,不争多也。但只看个"无"字,莫管得不得。至祷至祷。

【校注】

①大两制:宋代官制,翰林学士管理内政,兵部侍郎管理军务。汪藻曾担任两制,参与军政两方面管理,所以称大两制。

②雪峰真觉:即义存真觉禅师(822~908)。晚唐禅僧,德山宣鉴法嗣,泉州南安人,俗姓曾,号雪峰,世称雪峰义存。云门文偃的老师,云门宗之祖。参见《景德传灯录》卷十六、《五灯会元》卷七。

③引文见《雪峰真觉禅师语录》。金鱼:唐代高级官吏随身配有鱼形金属袋,故以金鱼指代高官。

④"办",荒本作"辨"。

⑤吕居仁:即吕本中,字居仁。详见《答吕舍人》校注。

⑥"长",径本、大正本、卍本、荒本作"畏"。

二十六、答汪内翰彦章　第二书

伏承杜门息交，世事一切阔略，唯朝夕以某向所举话头提撕。甚善甚善！既办①此心，当以悟为则。若自生退屈，谓根性陋劣，更求入头处，正是含元殿里问长安在甚处尔。正提撕时是阿谁？能知根性陋劣底又是阿谁？求入头处底又是阿谁？妙喜不避口业，分明为居士说破。只是个汪彦章，更无两个。只有一个汪彦章，更那里得个提撕底、知根性陋劣底、求入头处底来？当知皆是汪彦章影子，并不干他汪彦章事。若是真个汪彦章，根性必不陋劣，必不求入头处，但只信得自家主人公及，并不消得许多劳攘。

昔有僧问仰山②："禅宗顿悟，毕竟入门的意如何？"山曰："此意极难。若是祖宗门下上根上智，一闻千悟，得大总持⑤。此根人难得。其有，根微智劣。所以古德④道：'若不安禅静虑，到这里总须茫然。'"僧曰："除此格外，还别有方便，令学人得入也无？"山曰："别有别无，令汝心不安。我今问汝：汝是甚处人？"曰："幽州人。"山曰："汝还思彼处否？"曰："常思。"山曰："彼处楼台林苑，人马骈阗。汝返思思底，还有许多般也无？"曰："某甲到这里，一切不见有。"山曰："汝解犹在境。信位即是，人位即不是。"⑤

妙喜已是老婆心切，须著更下个注脚。人位即是汪彦章，信位即是知根性陋劣、求入头处底。若于正提撕话头时，返思能提撕底,还是汪彦章否?到这里,间不容发,若伫思停机,则被影子惑矣。请快著精彩,不可忽,不可忽。记得前书中尝写去,得息心,且息心,已过去底事,或善或恶,若逆或顺,都莫理会。现在事,得省便省,一刀两段,不要迟疑。未来事自然不相续矣。不识曾如此觑捕否?这个便是第一省力做工夫处也。至祷至祷。

【校注】

①"办",荒本作"辨"。

②仰山:即仰山慧寂(840~916)。晚唐禅僧,广东番禺人,俗姓叶,与沩山灵祐同为沩仰宗之祖。参见《景德传灯录》卷十一。

③总持:梵语陀罗尼的意译。指能令善法不散失、令恶法不生起的慧力,总持有法、义、咒、忍等四种总持。

④古德:指大珠慧海。

⑤此段出自《景德传灯录》卷十一。信位,指坚信自心本来清静,了知万法本性空寂。如《金刚三昧经·序品》云:"一者信位,信此身中真如种子为妄所翳,舍离妄心,净心清白,知诸境界意言分别。"人位,指达到人即是佛,本来解脱、自由自在的认识。

二十七、答汪内翰彦章　第三书

伏承第五令嗣，以疾不起。父子之情，千生百劫恩爱习气之所流注。想当此境界，无有是处。五浊世①中，种种虚幻，无一真实。请行住坐卧，常作是观，则日久月深，渐渐消磨矣。然正烦恼时，子细揣摩穷诘，从甚么处起。若穷起处不得，现今烦恼底，却从甚么处得来。正烦恼时，是有是无？是虚是实？穷来穷去，心无所之。要思量但思量，要哭但哭。哭来哭去，思量来思量去，抖擞得藏识中许多恩爱习气尽时，自然如冰②归水，还我个本来无烦恼、无思量、无忧、无喜底去耳。入得世间，出世无余。世间法则佛法，佛法则世间法也。父子天性一而已，若子丧而父不烦恼不思量，如父丧而子不烦恼不思量，还得也无？若硬止遏，哭时又不敢哭，思量时又不敢思量，是特欲逆天理灭天性，扬声止响、泼油救火耳。正当烦恼时，总不是外事，且不得作外边想。永嘉云："无明实性即佛性，幻化空身即法身。"③是真语实语、不诳不妄等语。怎么见得④了，要思量、要烦恼，亦不可得。作是观者，名为正观。若他观者，名为邪观。邪正未分，正好著力。此是妙喜决定义，无智人前莫说。

【校注】

①五浊世：末法时代五种恶劣的生存状态，即劫浊、见

浊、烦恼浊、众生浊、命浊。这种时代，佛法渐消亡，众生道德败坏，烦恼炽盛，寿命短促，又称"五浊恶世"。

②"冰"，原本及大正本作"水"，卍本、荒本作"冰"，据卍本改。

③引文出自《证道歌》。

④"得"，卍本作"时"。

二十八、答夏运使①

示谕："道契则霄壤共处，趣异则觌面楚越。"诚哉是言！即此乃不传之妙。左右②发意，欲作妙喜书。未操觚拂纸，已两手分付了也，又何待坚忍究竟，以俟他日耶！此个道理，唯证者方默默相契，难与俗子言。延平乃闽岭佳处，左右能自调伏，不为逆顺关棙子所转，便是大解脱人。此人能转一切关棙子，日用活鱍鱍地，拘牵惹绊他不得。苟若直下便怎么承当，自然无一毫毛于我作障。古德③有言："佛说一切法，为度一切心。我无一切心，何用一切法。"又懒融④云："恰恰用心时，恰恰无心用。曲谈名相劳，直说无繁重。无心恰恰用，常用恰恰无。今说无心处，不与有心殊。"非特懒融如是，妙喜与左右亦在其中。其中事，难拈出似人前，所谓默默相契是也。

【校注】

①本书作于南宋高宗绍兴十三年（1143）、宗杲五十五岁

时。夏运使,名志宏,生平不详。

②左右:阁下,指对方。

③古德:指黄檗希运。之后引文见《黄檗山断际禅师传心法要》。

④懒融:指牛头法融。详见《答刘通判彦冲》第一书校注。

卷四

二十九、答吕舍人居仁①

千疑万疑，只是一疑。话头上疑破，则千疑万疑一时破。话头不破，则且就上面与之厮崖。若弃了话头，却去别文字上起疑，经教上起疑，古人公案上起疑，日用尘劳中起疑，皆是邪魔眷属。第一不得向举起处承当，又不得思量卜度，但著意就不可思量处思量，心无所之，老鼠入牛角，便见倒断②也。又，方寸若闹，但只举"狗子无佛性"话。佛语、祖语、诸方老宿语，千差万别，若透得个"无"字，一时透过。不著问人，若一向问人，佛语又如何，祖语又如何，诸方老宿语又如何，永劫无有悟时也。

【校注】
①本书作于南宋高宗绍兴十三年（1143）、宗杲五十五岁时。吕舍人，名本中，字居仁。宋哲宗元祐年间宰相吕公著之曾孙，好学而敏悟。南宋高宗时曾任起居舍人、太常少卿、中书舍人等职。著述有《诗》二十卷、《春秋解》十卷等。详见《宋史》卷三百七十六。
②倒断：结果。

三十、答吕郎中隆礼①

令兄居仁两得书，为此事甚忙。然亦当著忙。年已六十，从官又做了，更待如何？若不早著忙，腊月三十日如何打叠得办②？闻左右迩来亦忙，只这著忙底，便是腊月三十日消息也。"如何是佛？""干屎橛。"这里不透，与腊月三十日何异？措大家一生钻故纸，是事要知。博览群书，高谈阔论，孔子又如何？孟子又如何？庄子又如何？《周易》又如何？古今治乱又如何？被这些言语使得来，七颠八倒。诸子百家才闻人举著一字，便成卷念将去，以一事不知为耻。及乎问著他自家屋里事，并无一人知者。可谓终日数他宝，自无半钱分。空来世上打一遭。脱却这壳漏子③，上天堂也不知，入地狱也不知，随其业力流入诸趣，并不知。若是别人家里事，细大无有不知者。

士大夫读得书多底，无明④多；读得书少底，无明少。做得官小底，人我⑤小；做得官大底，人我大。自道我聪明灵利，及乎临秋毫利害，聪明也不见，灵利也不见，平生所读底书，一字也使不著。盖从"上大人丘乙己"⑥时，便错了也，只欲取富贵耳。取得富贵底，义能有几人？肯回头转脑，向自己脚跟下推穷，我这取富贵底，从何处来？即今受富贵底，异日却向何处去？既不知来处，又不知去处，便觉心头迷闷，正迷闷时亦非他物。只就这里看个话头。

僧问云门⑦："'如何是佛？'门云：'干屎橛。'"但举此话。忽然伎俩尽时，便悟也。切忌寻文字引证，胡乱抟量注解。纵然注解得分明，说得有下落，尽是鬼家活计。疑情不破，生死交加。疑情若破，则生死心绝矣。生死心绝，则佛见法见亡矣。佛见法见尚亡，况复更起众生烦恼见耶？但将迷闷底心，移来"干屎橛"上，一抵抵住，怖生死底心、迷闷底心、思量分别底心、作聪明底心，自然不行也。觉得不行时，莫怕落空。忽然向抵住处绝消息，不胜庆快平生。得消息绝了，起佛见、法见、众生见，思量分别，作聪明说道理，都不相妨。日用四威仪中，但常放教荡荡地，静处闹处常以"干屎橛"提撕，日往月来，水牯牛⑧自纯熟矣。第一不得向外面别起疑也。"干屎橛"上疑破，则恒河沙数疑一时破矣。

【校注】

①本书作于南宋高宗绍兴十三年（1143）、宗杲五十五岁时。吕郎中，字隆礼，吕居仁之弟，生平不详。

②"办"，荒本作"辨"。

③壳漏子：又作可漏子。比喻人的肉身。

④无明：见《答曾侍郎天游》第一书校注。

⑤人我：认为"人"实有其体，而加以执著，称"人我"；认为"法"实有其体，而加以执著，称"法我"。执著"人"为实有，会产生"我见"、"我慢"，即自以为是，高傲自大。

⑥"上大人丘乙己"：古代儿童入学时，识字课本的开头文字。

⑦云门：指云门文偃，参见《答曾侍郎天游》第一书

校注。

⑧水牯牛：见于南泉普愿语录："王老师自小养一头水牯牛。拟向溪东牧，不免食他国王水草。拟向溪西牧，亦不免食他国王水草。不如随分纳些些。"（《五灯会元》卷三）亦见于《沩山灵祐禅师语录》：沩山灵祐上堂云："老僧百年后，向山下作一头水牯牛，左胁下书五字云'沩山僧某甲'。当恁么时，唤作沩山僧，又是水牯牛；唤作水牯牛，又是沩山僧。毕竟唤作甚么即得？"

前此亦尝如此写与居仁。比赵景明来得书，书中再来问云："不知离此别有下工夫处也无？又如举手动足，著衣吃饭，当如何体究？为复只看话头，为复别有体究？又平生一大疑事，至今未了。只如死后断灭不断灭，如何决定见得？又不要引经论所说，不要指古人公按①，只据目前直截分明，指示剖判断灭不断灭实处。"观渠如此说话，返不如三家村里省事汉，却无如许多粪壤，死也死得瞥脱。分明向他道："千疑万疑，只是一疑。话头上疑破，则千疑万疑一时破。话头不破，则且就话头上与之厮崖。若弃了话头，却去别文字上起疑、经教上起疑、古人公按上起疑、日用尘劳中起疑，皆是邪魔眷属。又不得向举起处承当，又不得思量卜度，但只著意就不可思量处思量，心无所之，老鼠入牛角，便见倒断也。"写得如此分晓了，又却更来忉忉怛怛②地问，不知许多聪明知见向甚处去也？

不信道平生读底书，到这里一字也使不著。而今不得已，更为他放些恶气息。若只恁么休去，却是妙喜被渠问了，更答不得也。此书才到，便送与渠一看。居仁自言："行年六十岁，此事未了。问渠,未了底,为复是举手动足、著衣吃饭底未了?若是举手动足、著衣吃饭底,又要如何了?"他殊不知,只这欲了知决定见得死后断灭不断灭底,便是阎家老子面前吃铁棒底。此疑不破,流浪生死,未有了期。向渠道:"千疑万疑,只是一疑。话头若破,死后断灭不断灭之疑,当下冰销瓦解矣。"更教直截分明,指示剖判断灭不断灭。如此见识,与外道何异?平生做许多之乎者也,要作何用?渠既许多远地放这般恶气息来熏人,妙喜不可只恁么休去,亦放些恶气息,却去熏他则个。渠教不要引经教及古人公案,只据目前直截分明指示断灭不断灭实处。

【校注】

① "公按",校本均作"公案",下同。

② 忉忉怛怛:啰里啰唆。

昔志道禅师①问六祖:"学人自出家览《涅槃经》,近十余载,未明大意,愿师垂诲。"祖曰:"汝何处未了?"对曰:"诸行无常是生灭法,生灭灭已,寂灭为乐。于此疑惑。"祖曰:"汝作么生疑?"对曰:"一切众生皆有二身,谓色身②、法身③也(此乃居仁同道)。色身无常,有生有灭。法身有常,无知无觉。经云:'生灭灭已,寂灭为乐'者,未审是何身寂灭,何身受乐?若色身者,色身灭时,四大④分散,全是苦,苦不可言乐。若法身寂灭,即同草木瓦石,谁当受乐?又法性⑤是生灭之体,五蕴⑥是生灭之用,一体五用,生灭是常。生则从体起用,灭则摄用归体。若听更生,即有情⑦之类,不断不灭。若不听更生,即永归寂灭,同于无情⑧之物。如是则

一切诸法,被涅槃⑨之所禁伏,尚不得生,何乐之有?"(可与居仁一状领过)

【校注】

①志道禅师:广东南海人,六祖慧能法嗣,详见《景德传灯录》卷五。之后对话见于《景德传灯录》卷五及《六祖坛经》机缘第七。

②色身:由四大等色法而成的有形质之身,即肉身。

③法身:佛三身之一,又名自性身、法性身,指诸佛所证的真如法性之身。

④四大:指地、水、火、风四大元素。地性坚硬,水性潮湿,火性温暖,风性流动。佛教认为,世间的一切有形物质,都是由四大所构成。

⑤法性:指诸法本性。这种本性,对于有情称作佛性,对于无情称作法性。法性也是实相、真如、法界、涅槃的别名。

⑥五蕴:即色蕴、受蕴、想蕴、行蕴、识蕴。蕴,旧译为阴或众,新译为蕴,集聚之义。色蕴,包括由四大构成的各种物质;受蕴,包括各种感受,如苦、乐、不苦不乐等;想蕴,包括各种知觉、印象、想象;行蕴,包括各种欲望、意志和行为;识蕴,包括各种分辨、识别活动。五蕴之中,色蕴属于物质,其余属于精神,它们是构成人身的要素。

⑦有情:旧译为众生,即生存者。一般认为有情指人类、诸天、饿鬼、畜生、阿修罗等有情识的生物。另有人认为有情包括有情生物与无情草木等。

⑧无情:没有情识活动的矿植物。

⑨涅槃:意译作寂灭、灭度等。梵语原意指灯火彻底熄

灭，不复再燃。佛教用来指人的一切烦恼诸苦永远断灭，不复再有，超越生死轮回，永恒寂静的状态或境界，是佛教修行的终极目的。

祖师到这里，不能临济①、德山②用事，遂放些气息还他云："汝是释子，何习外道断常邪见，而议最上乘法？据汝所解，即色身外别有法身，离生灭求于寂灭。又推涅槃常乐，言有身受者，斯乃执吝生死、耽著世乐。汝今当知，佛为一切迷人，认五蕴和合为自体相，分别一切法为外尘相，好生恶死念念迁流，不知梦幻虚假，枉受轮回，以常乐涅槃，翻为苦相，终日驰求，佛愍此故，乃示涅槃真乐，刹那无有生相，刹那无有灭相，更无生灭可灭（到此请著眼睛），是则寂灭现前。当现前时，亦无现前之量，乃谓常乐。此乐无有受者，亦无有不受者（犹较些子），岂有一体五用之名？何况更言涅槃禁伏诸法令永不生？此乃谤佛毁法（居仁亦有一分子）。听吾偈曰（分疏不下）：'无上大涅槃，圆明常寂照。凡愚谓之死，外道执为断。诸求二乘人，目以为无作。尽属情所计，六十二见本。妄立虚假名，何为真实义（居仁要见实处，但看一句子）。唯有过量人（未见其人），通达无取舍（居仁更疑三十年）。以知五蕴法，及以蕴中我（居仁在里许，求出无门），外现众色像（莫眼花），一一音声相（赚杀人），平等如梦幻（救得一半）。不起凡圣见，不作涅槃解（亦未见其人），二边三际断。常应诸根用，而不起用想。分别一切法，不起分别想。劫火烧海成③，风鼓山相击。真常寂灭乐，涅槃相如是。吾今强言说，令汝舍邪见（只是居仁不肯舍）。汝勿随言解（居仁记取④），许汝知少分（只这少分也不消得）。'"志道闻偈，忽然大悟（葛藤不少）。只这一络索，便是直截分明指示居仁底指头子也。居仁见此，若道犹是经论所说，尚指古人公案。若尚作如此见，入地狱如箭射。

【校注】

①临济：指临济义玄（？~867），晚唐禅僧，临济宗创宗者。曹州南华（今山东曹县）人，俗姓邢。初入黄檗希运门下，寻参大愚守芝，又谒沩山灵祐，再还黄檗希运处。唐大中八年（854），住镇州（今河北正定）东南小院，院近滹沱河之侧，故号临济院。义玄以"三玄三要"、"四宾主"、"四料简"、"四种喝"勘辨启发学人，对学生常常叱喝。后人以"临济喝"表示其禅风。

②德山：即德山宣鉴（782~865），晚唐禅僧，剑南（今四川）人，俗姓周，得法于龙潭信禅师。德山常以棒打为接引学人之法，形成特殊之家风，世称德山棒。

③"成"，校均本作"底"。

④"取"，径本、大正本作"此"。

三十一、答吕舍人居仁　第一书①

承日用不辍做工夫，工夫熟则撞发关棙②子矣。所谓工夫者，思量世间尘劳底心，回在"干屎橛"上，令情识不行，如土木偶人相似。觉得昏怛没巴鼻可把捉时，便是好消息也。莫怕落空，亦莫思前算后几时得悟。若存此心，便落邪道。佛云："是法非思量分别之所能解，著③即祸生。"④知得思量分别不能解者是谁，只是个吕居仁，更不得回头转脑也。前此答隆礼书，说尽禅病矣。诸佛诸祖，并无一法与人，只要当人自信自肯、自见自悟耳。若只取他人口头说底，恐误人。此事决定离言说相、离心缘相、离文字相。能知离诸相者，亦只是吕居仁。疑他死后断灭不断灭，亦只是吕居仁。求直截指示者，亦只是吕居仁。日用二六时中，或瞋或喜，或思量或分别，或昏沉或掉举，皆只是吕居仁。只这吕居仁，能作种种奇特变化，能与诸佛诸祖，同游寂灭大解脱光明海中，成就世间出世间事。只是吕居仁信不及耳。若信得及，请依此注脚入是三昧⑤，忽然从三昧起，失却娘生鼻孔，便是彻头也。

【校注】
①此书大概作于宗杲五十五岁时。
②"㮚"，卍本、荒本作"捩"。
③"著"，卍本、荒本作"解著"。
④引文出自《法华经·方便品》。
⑤三昧：又称三摩地，意为正定，指息虑凝心，离昏沉掉举，心定于一处而不动的状态。

三十二、答吕舍人居仁　第二书

　　令弟子育经由出所赐教，读之喜慰可知。无常迅速，百岁光阴如电闪，便是收因结果底时节到来也。"干屎橛"如何，觉得没巴鼻、无滋味、肚里闷时，便是好底消息也。第一不得向举起处承当，又不得飏①在无事甲里。不可举时便有，不举时便无也。但将思量世间尘劳底心，回在"干屎橛"上，思量来思量去，无处奈何，伎俩忽然尽，便自悟也。不得将心等悟，若将心等悟，永劫不能得悟也。

　　前此答隆礼书，说尽措大家病痛矣。承只置在座右。若依此做工夫，虽未悟彻，亦能分别邪正，不为邪魔所障，亦种得般若种子②深。纵今生不了，来生出头，现成受用，亦不费力，亦不被恶业夺将去，临命终时，亦能转业。况一念相应耶？逐日千万不要思量别事，但只思量"干屎橛"，莫问几时悟。至祷至祷。

　　悟时亦无时节，亦不惊群动众。即时怗怗地，自然不疑佛、不疑祖、不疑生、不疑死。得到不疑之地，便是佛地③也。佛地上本无疑，无悟无迷，无生无死，无有无无，无涅槃无般若，无佛无众生。亦无恁么说者，此语亦不受，亦无不受者，亦无知不受者，亦无恁么说不受者。居仁如是信得及，佛亦只如是，祖亦只如是，悟亦只如是，迷亦只如是，疑亦只如是，生亦只如是，死亦只如是，日用尘劳中亦只如是，死后断灭不断灭亦只如是,在朝廷作从官亦只如是,官观在静处亦只如是,住径山一千七百众围飈④亦只如是,编管在衡州⑤亦只如是。居仁还信得及么?信得及亦只如是,信不及亦只如是。毕竟如何?如是如是,如是亦只如是。

【校注】

①"飈",通"扬",意为"飞扬、翻腾"。

②种子:佛教认为人的种种思想行为发生后,就会成为未来思想行为生起的根基。如同有了植物种子,就会发芽开花结果一样。

③佛地:第九地菩萨断除烦恼、所知二障习气后而成就佛道。

④"飈",通"绕"。

⑤编管在衡州:编管,即流放。南宋高宗绍兴十一年(1141),主战派大臣张九成随宗杲习禅,二人议及岳飞事,触怒秦桧,宗杲被褫夺衣牒,流放衡州。绍兴二十五年(1155)遇赦。

三十三、答汪状元圣锡 第一书①

左右②妙年自立,便在一切人顶额上,不为富贵所笼罗。非百劫千生愿力所持,焉能致是?又能切切于此一大事,念念不退转,有决定信,具决定志,此岂浅丈夫所能?老瞿昙③云:

"唯此一事实，余二则非真。"请著鞭，不可忽，世间事只这是。先圣岂不云乎："朝闻道，夕死可矣。"④不知闻底是何道？到这里岂容眨眼，不可更引吾道一以贯之去也，须自信自悟。说得底终是无凭据，自见得、自悟得、自信得及了，说不得、形容不出，却不妨。只怕说得似、形容得似，却不见、却不悟者。老瞿昙指为增上慢⑤人，亦谓之谤般若人，亦谓之大妄语人，亦谓之断佛慧命人。千佛出世，不通忏悔。若透得"狗子无佛性话"，这般说话，却成妄语矣，而今不可便作妄语会。

【校注】

①本书作于南宋高宗绍兴十四年（1144）、宗杲五十六岁时。汪状元，名应辰，字圣锡，信州玉山人，聪颖异常，读书过目不忘，绍兴五年进士第一名入仕，历任多职。参见《宋史》卷三百七十八。

②左右：阁下，指对方。

③老瞿昙：瞿昙，又作乔达摩，释迦牟尼的家族姓氏。此处老瞿昙指释迦牟尼。之后引文见《法华经·方便品》。

④先圣：指孔子。引语出自《论语·里仁》。

⑤增上慢：对教理或修行境地尚未有所得、有所悟，却起高傲自大之心。未得谓得、未证谓证等，均属修行人生起的增上慢。

吕居仁比连收两书，书中皆云："夏中答隆礼书，常置座右，以得为期。"又闻，尝录呈左右。近世贵公子似渠者，如优昙钵华①时一现耳。顷在山头，每与公说这般话。见公眼目定动，领览得九分九厘，只欠团地一下尔②。若得团地一下了，儒即释，释即儒；僧即俗，俗即僧；凡即圣，圣即凡；我即你③，你即我；天即地，地即天；波即水，水即波。酥酪醍醐④搅成一味，瓶盘钗钏镕成一金，在我不在人。得到这个田地，由我指挥。所谓我为法王，于法自在，得失是非，焉有里碍。不是强为，法如是故也。此个境界，除无垢老子⑤，他人如何信得及。纵信得及，如何得入手。左右已信得及，已觑得见，已能分别是邪是正，但未得入手耳。得入手时，不⑥分老少，不在智愚，如将梵位直授凡庸，更无阶级次第，永嘉所谓"一超直入如来地"⑦是也。但相听，决不相误。

【校注】

①优昙钵：花名，意为灵瑞，瑞应。《法华文句》卷四上："优昙花者，此言灵瑞。三千年一现，现则金轮王出。""华"，同"花"。

②"尔"，卍本作"示"。

③"你"，大正本、荒本作"尔"。

④酥酪：以牛羊乳所制成的一种食品。醍醐：由牛乳精制而成最精纯之酥酪，为牛乳中最上之美味。故经典中每以醍醐比喻涅槃、佛性、最高教义。

⑤无垢老子：即张九成。详见《答张侍郎子韶》校注。

⑥"不"，大正本作"一"。

⑦引文出自永嘉玄觉《证道歌》。

三十四、答汪状元圣锡　第二书

某万缘休罢,日用只如此,无烦轸①念。左右分上欠少个甚么?在世界上,可谓千足万足。苟能于此个门中,翻身一掷,何止"腰缠十万贯,骑鹤上扬州"②而已哉。

昔杨文公③大年,三十岁见广慧琏公④,除去碍膺之物。自是已后,在朝廷、居田里,始终一节。不为功名所移,不为富贵所夺。亦非有意轻功名富贵,道之所在,法如是故也。赵州云:"诸人被十二时使,老僧使得十二时。"⑤此老此说,非是强为,亦法如是故也。

【校注】

①烦轸:烦恼痛苦。

②"腰缠十万贯,骑鹤上扬州":引自唐无名氏所作《言志》诗。有客相从(赴扬州),各言所志,或愿为扬州刺史,或愿多赀财,或愿骑鹤上升,其一人云欲兼三者。

③杨文公:即杨亿,字大年,建州浦城人,真宗年间,曾任兵部员外郎、翰林学士等职。参见《宋史》卷三百零五。

④广慧琏公:即汝州广慧寺元琏禅师,福建泉州人,得法于首山念禅。参见《禅林僧宝传》卷十六。

⑤引文见于《古尊宿语录》卷十三《赵州真际禅师语录并行状卷上》。

大率为学为道，一也。而今学者往往以仁义礼智信为学，以格物忠恕一以贯之之类为道，只管如抟①谜子相似，又如众盲摸象，各说异端。释不云乎："以思惟心，测度如来圆觉境界，如取萤火烧须弥山。"②临生死祸福之际，都不得力，盖由此也。

杨子云："学者所以修性，性即道也。"③黄面老子云："性成无上道。"④圭峰云："作有义事，是惺悟心。作无义事，是狂乱心。狂乱由情念，临终被业牵。惺悟不由情，临终能转业。"⑤所谓义者，是义理之义，非仁义之义。而今看来，这老子亦未免析虚空为两处。仁乃性之仁，义乃性之义，礼乃性之礼，智乃性之智，信乃性之信。义理之义亦性也。作无义事，即背此性。作有义事，即顺此性。然顺背在人，不在性也。仁义礼智信在性，不在人也。人有贤愚，性即无也。若仁义礼智信在贤而不在愚，则圣人之道，有拣择取舍矣。如天降雨，择地而下矣。所以云，仁义礼智信在性，而不在人也。贤愚顺背在人，而不在性也。杨子所谓"修性"，性亦不可修，亦顺背贤愚而已。圭峰所谓"惺悟、狂乱"是也。赵州所谓"使得十二时，被十二时使"是也。若识得仁义礼智信之性起处，则格物忠恕一以贯之在其中矣。肇法师云："能天能人者，岂天人之所能哉！"⑥所以云，为学为道一也。

【校注】

①"抟"，卍本作"博"，荒本作"博"。

②引文出自《圆觉经》金刚藏章。

③杨子：应为"扬子"，即西汉扬雄。引文出自《法言·学

行篇》。

④引文出自《楞严经》卷六。

⑤引文出自《景德传灯录》卷十三。

⑥肇法师：指僧肇（384～414）。东晋名僧，长安人，俗姓张，鸠摩罗什门下四哲之一，号称解空第一。著有《不真空论》、《物不迁论》、《涅槃无名论》、《注维摩诘经》等。引文出自《涅槃无名论》。

大率圣人设教，不求名，不伐功。如春行花木，具此性者，时节因缘到来，各各不相知，随其根性大小方圆长短，或青或黄，或红或绿，或臭或香，同时发作。非春能大能小、能方能圆、能长能短、能青能黄、能红能绿、能臭能香，此皆本有之性，遇缘而发耳。百丈云："欲识佛性义，当观时节因缘。"①时节若至，其理自彰。又让师②谓马师曰："汝学心地法门，如下种子。我说法要，譬彼天泽。汝缘合故，当见其道。"③所以云，圣人设教，不求名不伐功，只令学者见性成道而已。无垢老子④云"道在一芥，则一芥重；道在天下，则天下重"是也。左右尝升无垢之堂而未入其室，见其表而未见其里。

百岁光阴，只在一刹那间。刹那间悟去，如上所说者，皆非实义。然既悟了，以为实亦在我，以为非实亦在我。如水上葫芦，无人动着，常荡荡地，触着便动，捺着便转辘辘地。非是强为，亦法如是故也。赵州"狗子无佛性"话，左右如人捕贼，已知窝盘处，但未捉着耳。请快著精彩，不得有少间断。时时向行住坐卧处看，读书史处、修仁义礼智信处、侍奉尊长处、提诲学者处、吃粥吃饭处，与之厮崖。忽然打失布袋，夫复何言。

【校注】

①百丈：指百丈怀海禅师。引文见于《五灯会元》卷九。

②让师：指南岳怀让禅师。

③马师：指马祖道一禅师。引文见于《景德传灯录》卷五。

④无垢老子：指张九成。

三十五、答宗直阁①

示谕："应缘日涉差别境界，未尝不在佛法中。又于日用动容之间，以'狗子无佛性'话，破除情尘②。"若作如是工夫，恐卒未得悟入。请于脚跟下照顾，差别境界从甚么处起？动容周旋之间，如何以"狗子无佛性"话破除情尘？能知破除情尘者，又是阿谁？佛不云乎："众生颠倒，迷己逐物。"物本无自性，迷己者自逐之耳。境界本无差别，迷己者自差别耳。既日涉差别境界，又在佛法中。既在佛法中，则非差别境界。既在差别境界中，则非佛法矣。拈一放一，有甚了期？

广额屠儿③在涅槃会上，放下屠刀，立地便成佛。岂有许多忉忉怛怛来！日用应缘处，才觉涉差别境界时，但只就差别处，举"狗子无佛性"话，不用作破除想，不用作情尘想，不用作差别想，不用作佛法想，但只看"狗子无佛性"话。但只举个"无"字，亦不用存心等悟。若存心等悟，则境界也差别、佛法也差别、情尘也差别、"狗子无佛性"话也差别、间断处也差别、无间断处也差别、遭情尘惑乱身心不安乐处也差别、能知许多差别底亦差别。若要除此病、但只看个"无"字，但只看。广额屠儿放下屠刀云："我是千佛一数。"是实是虚？若作虚实商量，又打入差别境界上去也。不如一刀两段，不得念后思前。念后思前，则又差别矣。

【校注】

①本书作于南宋高宗绍兴十四年（1144）、宗杲五十六岁时。宗直阁，生平不详。

②情尘：六根（眼、耳、鼻、舌、身、意六种官能）与六尘（六根所对色、声、香、味、触、法六境）。六根旧译为六情。

③广额屠儿：南本《涅槃经·梵行品》记述的放下屠刀便成佛的屠夫。

玄沙①云："此事限约不得，心思路绝。不因庄严，本来真静。动用语笑，随处明了，更无欠少。今时人不悟个中道理，妄自涉事涉尘，处处染著，头头系绊。纵悟，则尘境纷纭，名相不实。便拟凝心敛念，摄事归空，闭目藏睛，随有念起，旋旋破除，细想才生，即便遏捺。如此见解，即是落空亡底外道、魂不散底死人，溟溟漠漠，无觉无知，塞耳偷铃，徒自欺诳。"②左右来书云云，尽是玄沙所诃底病，默照邪师③埋人底坑子，不可不知也。

举话时都不用作许多伎俩，但行住坐卧处勿令间断，喜怒哀乐处莫生分别。举来举去，看来看去，觉得没理路、没滋味，心头热闷时，便是当人放身命处也。记取记取！莫见如此境界便退心，如此境界正是成佛作祖底消息也。

【校注】

①玄沙：即玄沙师备。师备（835~908），晚唐禅僧，闽县（今福建）人，俗姓谢，得法于雪峰义存。有《玄沙师备禅师广录》三卷。

②引文出自《玄沙师备禅师广录》。

③默照邪师：指以宏智正觉为代表的主张默照禅的禅师。

而今默照邪师辈，只以无言无说为极则，唤作威音那畔事①，亦唤作空劫已前事。不信有悟门，以悟为诳，以悟为第二头，以悟为方便语，以悟为接引之辞。如此之徒，谩人自谩，误人自误，亦不可不知。日用四威仪中，涉差别境界，觉得省力时，便是得力处也。得力处极省力，若用一毫毛气力支撑，定是邪法，非佛法也。但办②取长远心，与"狗子无佛性话"厮崖。崖来崖去，心无所之，忽然如睡梦觉，如莲华③开，如披云见日，到恁么时，自然成一片矣。但日用七颠八倒处，只看个"无"字，莫管悟不悟、彻不彻。三世诸佛只是个无事人，诸代祖师亦只是个无事人。古德④云："但于事上通无事，见色闻声不用聋。"又古德⑤云："愚人除境不忘⑥心，智者亡心不除境。"于一切处无心，则种种差别境界自无矣。

而今士大夫，多是急性，便要会禅，于经教上及祖师言句中抟⑦量，要说得分晓。殊不知，分晓处，却是⑧不分晓底事。若透得个"无"字，分晓不分晓，不著问人矣。老汉教士大夫放教钝,便是这个道理也。作钝榜状元亦不恶,只怕拖白⑨耳。一笑。

【校注】

①威音那畔事:威音王佛出世前的事。威音王佛是过去庄严劫最初之佛,此佛出世前的事发生在无量无边的久远之前,禅家多将威音王佛出世以前称为威音那畔,以点醒学人自己的本来面目。其意与"父母未生以前"、"天地未开以前"等语近似。

②"办",荒本作"辨"。

③"华",同"花"。

④古德:指龙牙居遁禅师。居遁,俗姓郭,抚州南城人,得法于洞山良价。之后引文见于《禅林僧宝传》卷九。

⑤古德:指黄檗希运。之后引文出自《黄檗山断际禅师传心法要》。

⑥"忘",卍本、荒本作"亡"。

⑦"抟",卍本作"博",荒本作"傅"。

⑧"是",径本作"又"。

⑨拖白:交白卷。

三十六、答李参政泰发

示谕:"华严重重法界②,断非虚语。既非虚语,必有分付处,必有自肯处。"读至此,嗟叹久之。士大夫平昔所学,临死生祸福之际，手足俱露者，十常八九。考其行事，不如三家村里省事汉，富贵贫贱不能汩其心。以是较之，智不如愚、贵不如贱者多矣。何以故？生死祸福现前，那时不容伪故也。大参相公平昔所学，已见于行事，临祸福之际，如精金入火，愈见明耀。又决定知华严重重法界断非虚语，则定不作他物想矣。其余七颠八倒，或逆或顺，或正或邪，亦非他物。愿公常作此观。妙喜亦在其中。异日相从于寂寞之滨，结当当来世香火因缘，成就重重法界，以实其事，岂小补哉！更须下个注脚，即今这一络索，切忌作寓言指物会。一笑。

【校注】

①此书作于南宋高宗绍兴十九年（1149）、宗杲六十一岁时。李参政，名光，字泰发，越州上虞人，北宋徽宗崇宁五年（1106）进士，南宋高宗年间曾任参知政事。参见《宋史》卷三百六十三。

②重重法界：华严宗所说的宇宙万象互为缘起、相即相入、重重无尽的境界。

三十七、答曾宗丞天隐①

左右天资近道，身心清净，无他缘作障。只这一段，谁人能及？又能行住坐卧，以老僧所示省要处，时时提撕。休说一念相应，千了百当，便是此生打未彻，只恁么崖到腊月三十日，阖家老子也须倒退三千里始得。何以故？为念念在般若中，无异念、无间断故。只如道家流，以妄心存想，日久月深，尚能成功，不为地水火风所使。况全念住在般若中，腊月三十日，岂不能转业耶！

而今人多是将有所得心学道，此是无妄想中真妄想也。但放教自在，然不得太紧，不得太缓。只恁么做工夫，省无限心力。左右生处已熟，熟处已生，十二时中，自然不著枯心想②怀，将心管带矣。虽未透脱，诸魔外道已不能伺其便。亦自能与诸魔外道，共一手、同一眼，成就彼事，而不堕其数矣。除公一人可以语此，余人非但不能如公行履，亦未必信得及也。但于话头上看，看来看去，觉得没巴鼻、没滋味、心头闷时，正好著力。切忌随他去。只这闷处，便是成佛作祖、坐断天下人舌头处也。不可忽，不可忽！

【校注】

①本书作于南宋高宗绍兴十六年（1146）、宗杲五十八岁时。曾宗丞，字天隐，生平不详。

②"想"，校本均作"忘"。

卷五

三十八、答王教授大授①

不识左右别后,日用如何做工夫?若是曾于理性上得滋味、经教中得滋味、祖师言句上得滋味、眼见耳闻处得滋味、举足动步处得滋味、心思意想处得滋味,都不济事。若要直下休歇,应是从前得滋味处都莫管他,却去没捞摸处、没滋味处试著意看,若著意不得,捞摸不得,转觉得没橛柄可把捉、理路义路心意识都不行,如土木瓦石相似时,莫怕落空,此是当人放身命处。不可忽,不可忽!

聪明灵利人,多被聪明所障,以故道眼不开,触途②成滞。众生无始时来,为心意识所使,流浪生死,不得自在。果欲出生死、作快活汉,须是一刀两段,绝却心意识路头,方有少分相应。故永嘉云:"损法财、灭功德,莫不由兹心意识。"③岂欺人哉!

【校注】
①王教授,字大授,生平不详。教授:官职名。
②"途",卍本作"塗"。
③引文出自永嘉玄觉《证道歌》。

顷蒙惠教,其中种种趣向,皆某平昔所诃底病。知是般事,飏①在脑后,且向没巴鼻处、没捞摸处、没滋味处,试做工夫看！如僧问赵州："狗子还有佛性也无？"州云："无。"寻常聪明人，才闻举起，便以心意识领会，扬②量引证，要说得有分付处。殊不知，不容引证，不容扬量，不容以心意识领会。纵引证得、扬量得、令③会得，尽是髑髅前情识边事，生死岸头定不得力。而今普天之下唤作禅师长老者，会得分晓底，不出左右书中写来底消息耳。其余种种邪解，不在言也。

密首座④、宗杲⑤与渠同在平普融⑥会中相聚，尽得普融要领。渠自以为安乐，然所造者，亦不出左右书中消息。今始知非，别得个安乐处，方知某无秋毫相欺。今特令去相见，无事时试令渠吐露看，还契得左右意否？八十翁翁入场屋⑦，真诚不是小儿戏。若生死到来不得力，纵说得分晓，和会得有下落，引证得无差别，尽是鬼家活计，都不干我一星事。禅门种种差别异解，唯识法者惧。大法不明者，往往多以病为药。不可不知。

【校注】

①"飏"，通"扬"。

②"扬"，卍本作"博"，荒本作"傅"。后同。

③"令"，大正本、卍本、荒本作"领"。

④密首座：指伊山冲密，宗杲的学生。首座，僧堂内的六头首之一，为一会大众的上首。也称为第一座、座元、禅头、首众。

⑤"宗杲"，卍本、荒本作"某"。

⑥平普融：指普融知藏，五祖法演的学生。

⑦场屋：科举考试的场所。

三十九、答刘侍郎季高　第一书①

示谕：腊月三十日已到，要之日用，当如是观察，则世间尘劳之心，自然销②殒矣。尘劳之心既销殒，则来日依前孟春③犹寒矣。古德云："欲识佛性义，当观时节因缘。"④此个时节，乃是黄面老子出世成佛，坐金刚座⑤，降伏魔军、转法轮⑥、度众生、入涅槃底时节，与解空⑦所谓腊月三十日时节无异无别。到这里，只如是观。以此观者名为正观，异此观者名为邪观。邪正未分，未免随他时节迁变。要得不随时节，但一时放下著，放到无可放处，此语亦不受。依前只是解空居士，更不是别人⑧。

【校注】

①此书作于南宋高宗绍兴十八年（1148）、宗杲六十岁时。刘侍郎，字季高，号解空居士，生平不详。

②"销"，荒本作"消"。后同。

③孟春：春季第一个月，即正月。

④古德：指百丈怀海。引文见于《五灯会元》卷九。

⑤金刚座：释迦牟尼成道时所坐之座，位于中印度摩揭陀国伽耶城南之菩提树下。

⑥转法轮：宣传佛教。"轮"，古代印度传说中转轮圣王的兵器宝轮，有无坚不摧、扭转乾坤的威力。佛的教法如宝轮，

能摧破佛教以外的异见邪说，能破除众生一切的烦恼，使众生转迷为悟、转凡成圣，故叫做"法轮"；佛说法，叫做转法轮。佛徒称，释迦成道后，于鹿野苑为憍陈如等五比丘初次宣传他的学说，为"初转法轮"。

⑦解空：指刘侍郎。

⑧"别人"，径本作"别人也"。

四十、答刘侍郎季高 第二书

吾佛大圣人，能空一切相，成万法智，而不能即灭定业①，况博地凡夫耶。居士既是个中人，想亦常入是三昧。昔有僧问一老宿："世界怎么热，未审向甚么处回避？"②老宿曰："向镬汤炉炭里回避。"曰："只如镬汤炉炭里，作么生回避？"曰："众苦不能到。"愿居士日用四威仪中，只如此做工夫。老宿之言不可忽。此是妙喜得效底药方，非与居士此道相契、此心相知，亦不肯容易传授。只用一念相应草汤下，更不用别汤使，若作别汤使，令人发狂，不可不知也。一念相应草，不用他求，亦只在居士四威仪中。明处明如日，黑处黑如漆。若信手拈来，以本地风光一照，无有错者。亦能杀人，亦能活人，故佛祖常以此药向镬汤炉炭里，医苦恼众生生死大病，号大医王。不识居士还信得及否？若言我自有父子不传之秘方，不用向镬汤炉炭里回避底妙术，却望居士布施也③。

【校注】

①定业:一定受报的业。定业有善恶两种:善的定业,定受乐果;恶的定业,定受苦果。

②老宿:指曹山了悟,师从曹山本寂。之后引文出自《景德传灯录》卷二十。

③"也",径本作"之"。

四十一、答李郎中似表①

士大夫学此道,不患不聪明,患太聪明耳。不患无知见②,患知见太多耳。故常行识前一步,昧却脚跟下快活自在底消息。邪见之上者,和会见闻觉知为自己,以现量境界③为心地法门。下者弄业识,认门头户口,簸两片皮,谈玄说妙。甚者至于发狂,不勒字数,胡言汉语,指东画西。下下者以默照无言、空空寂寂,在鬼窟里著到,求究竟安乐。其余种种邪解,不在言而可知也。

冲密等归,领所赐教。读之喜慰不可言,更不复叙世谛④相酬酢。只以左右向道勇猛之志,便入葛藤。禅无德山⑤、临济⑥之殊,法眼⑦、曹洞⑧之异,但学者无广大决定志,而师家亦无广大融通法门,故所入差别,究竟归宿处,并无如许差别也。

示谕欲妙喜因书指示径要处,只这求指示径要底一念,早是刺头入胶盆了也,不可更向雪上加霜。虽然有问,不可无答。请左右都将平昔或自看经教话头,或因人举觉指示得滋味欢喜处,一时放下。依前百不知、百不会,如三岁孩儿相似。有性识而未行,却向未起求径要底一念子前头看。看来看去,觉得转没巴鼻,方寸转不宁怗时,不得放缓,这里是坐断千圣顶䫌处。往往学道人,多向这里打退了。左右若信得及,只向未起求径要指示一念前看,看来看去,忽然睡梦觉,不是差事。此是妙喜平昔做底得力工夫。知公有决定志,故拖泥带水,纳这一场败阙。此外别无可指示,若有可指示,则不径要矣。

【校注】

①此书作于南宋高宗绍兴十九年(1149)、宗杲六十一岁时。李郎中,字似表,生平不详。

②知见:知识和见解。

③现量境界:感官对境相时,用不着意识思索就能直接感知到的境相。现量即感觉。

④世谛:世间的事实,世俗人所知的道理。又称俗谛、世俗谛。

⑤德山:见前《答吕郎中隆礼》校注。

⑥临济:见前《答吕郎中隆礼》校注。

⑦法眼:指法眼宗,中国佛教中禅宗五家之一。由于此宗的开创者文益(885~958)圆寂后,南唐中主李璟给以"大法眼禅师"的称号,后世因称此宗为法眼宗。宋智昭《人天眼目》述法眼宗风说:"法眼宗者,箭锋相拄,句意合机,始则行行如也,终则激发,渐服人心,削除情解,调机顺物,斥滞磨昏。"

⑧曹洞：指曹洞宗，创宗者为洞山良价（807～869）及其弟子曹山本寂（840～901）。曹洞宗立"五位君臣"为宗要启悟参禅者，五位指正中偏、偏中正、正中来、偏中至、兼中到。曹洞宗风以细密著称，犹如春风化雨。

四十二、答李宝文茂嘉①

向承示谕，性根昏钝，而黾②勉修持，终未得超悟之方。宗杲③顷在双径，答富季申④所问，正与此问同。能知昏钝者，决定不昏钝，更欲向甚处求超悟。士大夫学此道，却须借昏钝而入。若执昏钝，自谓我无分，则为昏钝魔所摄矣。盖平昔知见，多以求证悟之心在前作障故，自己正知见不能现前。此障亦非外来，亦非别事，只是个能知昏钝底主人公耳。故瑞岩和尚⑤居常在丈室中自唤云："主人公！"又自应云："喏。""惺惺著。"又自应云："喏。""他时后日莫受人谩。"又自应云："喏喏。"古来幸有恁么榜样，谩向这里提撕看，是个甚么？只这提撕底，亦不是别人，只是这能知昏钝者耳。能知昏钝者，亦不是别人，便是李宝文本命元辰也。

此是妙喜应病与药。不得已，略为居士指个归家稳坐底路头而已。若便认定死语，真个唤作本命元辰，则是认识神为自己，转没交涉矣。故长沙和尚⑥云："学道之人不识真，只为从前认识神；无量劫来生死本，痴人唤作本来人。"前所云"借昏钝而入"是也。但只看能知得如是昏钝底，毕竟是个甚么？

只向这里看，不用求超悟。看来看去，忽地大笑去矣。此外无可言者。

【校注】

①此书作于南宋高宗绍兴十八年（1148）、宗杲六十岁时。李宝文，字茂嘉，生平不详。宝文，官职名。

②黾：音 mǐn，勉力、努力。

③"宗杲"，卍本、荒本作"某"。

④富季申：即富直柔。详见《答富枢密季申》第一书校注。

⑤瑞岩和尚：指瑞岩师彦。晚唐僧，闽越（今福建）人，俗姓许，法名师彦。师从岩头全豁。引文见于《五灯会元》卷七。

⑥长沙和尚：指长沙景岑。景岑，晚唐禅僧，号招贤，南泉普愿法嗣。曾住湖南长沙大兴教法，时人称为长沙和尚，又称岑大虫。引文见于《景德传灯录》卷十。

四十三、答向侍郎伯恭①

示谕，悟与未悟、梦与觉一，一段因缘。黄面老子云："汝以缘心听法，此法亦缘。"②谓至人无梦⑤。非有无之无，谓梦与非梦一而已。以是观之，则佛梦金鼓④、高宗梦傅说⑤、孔子梦奠两楹⑥，亦不可作梦与非梦解。却来观世间，犹如梦中事，教中自有明文，唯梦乃全妄想也。而众生颠倒，以日用目前境界为实，殊不知，全体是梦。而于其中复生虚妄分别，以想心系念、神识纷飞为实梦。殊不知，正是梦中说梦，颠倒中又颠倒。故佛大慈悲，老婆心切，悉能遍入一切法界诸安立海，所有微尘，于一一尘中，以梦自在法门，开悟世界海微尘数众生，住邪定者，入正定聚⑦。此亦普示颠倒众生，以目前实有底境界为安立海，令悟梦与非梦悉皆是幻。则全梦是实，全实是梦，不可取，不可舍。至人无梦之义，如是而已。

【校注】

①此书作于南宋高宗绍兴十九年（1149）、宗杲六十一岁时。向侍郎，名子諲，字伯恭，临江人，真宗年间宰相向敏中之玄孙，高宗年间曾任户部侍郎。参见《宋史》卷三百七十七。

②引文出自《楞严经》卷二。

③至人无梦：意出于《庄子·大宗师》。

④佛梦金鼓：出自《金光明最胜王经》卷一《忏悔品》。经云："尔时信相菩萨，即于其夜梦见金鼓。其状殊大，其明普照喻如日光。复于光中得见十方无量无边诸佛世尊，众宝树下坐琉璃座，与无量百千眷属围绕而为说法。"

⑤高宗梦傅说：出自《史记·殷本纪》。文载：帝武丁（高宗）即位，思复兴殷，夜梦得圣人，名曰"说"。于是乃使百工求之于野，得"说"于傅险中。

⑥孔子梦奠两楹：出自《礼记·檀弓篇上第三》。孔子去世七天前夜晚，梦见自己坐在两楹中间。两楹，堂上东西两边的大柱子。

⑦正定聚：三聚之一，又作正定、善聚，指众生中必定证

悟者。三聚者：正定聚、邪定聚、不定聚。《大智度论》卷八十四说，能破颠倒者，称为正定；不能破颠倒者，称为邪定；得因缘能破，不得因缘则不能破者，称为不定。

　　来书见问，乃是宗杲①三十六岁时所疑。读之不觉抓著痒处。亦尝以此问圆悟②先师，但以手指曰："住！住！休妄想，休妄想。"宗杲③复曰："如宗杲未睡著时，佛所赞者依而行之，佛所诃者不敢违犯。从前依师，及自做工夫，零碎所得者，惺惺时都得受用。及乎上床，半惺半觉时，已作主宰不得。梦见得金宝，则梦中欢喜无限；梦见被人以刀杖相逼及诸恶境界，则梦中怕怖惶恐。自念此身尚存，只是睡著，已作主宰不得。况地水火风分散，众苦炽然，如何得不被回换。到这里方始著忙。"

　　先师又曰："待汝说底许多妄想绝时，汝自到寤寐恒一处也。"初闻亦未之信。每日我自顾，寤与寐分明作两段，如何敢开大口说禅？除非佛说寤寐恒一是妄语，则我此病不须除。佛语果不欺人，乃是我自未了。后因闻先师举诸佛出身处，熏风自南来，忽然去却碍膺之物。方知黄面老子所说是真语、实语、如语、不诳语、不妄语，不欺人，真大慈悲。粉身没命，不可报。碍膺之物既除，方知梦时便是寤时底，寤时便是梦时底。佛言寤寐恒一，方始自知这般道理。拈出呈似人不得，说与人不得，如梦中境界取不得舍不得。承问妙喜于未悟已前、已悟之后有异无异，不觉依实供通。子细读来教，字字至诚。不是问禅，亦非见诘，故不免以昔时所疑处吐露。愿居士试将老庞④语谩提撕，"但愿空诸所有，切勿实诸所无"。先以目前日用境界作梦会了，然后却将梦中底移来目前，则佛金鼓、高宗傅说、孔子奠两楹，决不是梦矣。

【校注】

①"宗杲"，原本作"宗杲"，南本、径本作"宗杲"，卍本、荒本作"某"。据南本改。

②圆悟：指佛果克勤。参见《答曾侍郎天游》第一书校注。

③"宗杲"，卍本、荒本作"某"。

④老庞：指庞蕴。参见《答曾侍郎天游》第三书校注。

四十四、答陈教授阜卿①

此道寂寥，无出今日。邪师说法，如恶叉聚②。各各自谓得无上道，咸唱邪说，幻惑凡愚。故某每每切齿于此，不惜身命，欲扶持之，使光明种子知有吾家本分事，不堕邪见网中。万一得众生界中佛种不断，亦不虚受黄面老子覆荫。所谓"将此深心奉尘刹，是则名为报佛恩"③。然亦是不知时、不量力之一事也。左右既是个中人，不得不说个中事，因笔不觉及此耳。

【校注】

①此书作于南宋高宗绍兴十五年（1145）、宗杲五十七岁时。陈教授，字阜卿，生平不详。

②恶叉聚：恶叉，果实名。此果三粒同一蒂，落地后多聚集于一处，故称恶叉聚。经论以之譬喻惑、业、苦三者互相关连。此外，也以之譬喻多数或众多之意。

③引文出自《楞严经》卷二。

四十五、答林判院少瞻①

示谕："求一语，与信道人做工夫。"既看《圆觉经》，经中岂止一语而已哉。诸大菩萨各随自所疑处发问，世尊据所疑，一一分明剖析，大段分晓前所给话头，亦在其中矣。经云："居一切时，不起妄念。于诸妄心，亦不息灭。住妄想境，不加了知（此语最亲切）。于无了知，不辩②真实。"③老汉昔居云门庵时，尝颂之曰："荷叶团团团似镜，菱角尖尖尖似锥。风吹柳絮毛球走，雨打梨花蛱蝶飞。"但将此颂放在上面，却将经文移来下面。颂却是经，经却是颂，试如此做工夫看，莫管悟不悟。心头休热忙，亦不可放缓。如调弦之法，紧缓得其所，则曲调自成矣④。归去但与冲辈⑤相亲，递相琢磨，道业无有不办⑥者。祝祝！

【校注】

①此书作于南宋高宗绍兴十五年（1145）、宗杲五十七岁时。林判院，字少瞻，生平不详。

②"辩"，卍本、荒本作"辨"。

③引文出自《圆觉经·清静慧菩萨章》。
④"成矣",卍本作"所成"。
⑤冲辈:冲密等宗杲的学生。
⑥"办",荒本作"辨"。

四十六、答黄知县子余①

收书,知为此一大事因缘甚力。大丈夫汉,所作所为,当如是耳。无常迅速,生死事大。过了一日,则销了一日好事,可畏可畏!左右春秋鼎盛,正是作业不识好恶时,能回此心学无上菩提,此是世界上第一等难容灵利汉。五浊界中有甚么奇特事,过如此段因缘?趁色力强健,早回头,以临老回头,其力量胜百千万亿倍,老汉私为左右喜。

前此写去法语,曾时时觑看否?第一记取,不得起心动念,肚里热忙,急要悟。才作此念,则被此念塞断路头,永不能得悟矣。祖师云:"执之失度,必入邪路;放之自然,体无去住。"②此乃祖师吐心吐胆为人处也。但日用费力处莫③要做,此个门中不容费力。老汉常为人说此话:"得力处乃是省力处,省力处乃是得力处。"若起一念希望心,求悟入处,大似人在自家堂屋里坐,却问他人觅住处无异。但把生死两字贴左鼻尖儿上,不要忘了。时时提撕话头,提来提去,生处自熟,熟处自生矣。此语已写在空相道人书中,请同此书互换,一看便了得也。

【校注】

①黄知县,字子余,生平不详。

②祖师:指三祖僧璨。引文出自《信心铭》。

③"莫",大正本作"臭"。

四十七、答严教授子卿①

真实到不疑之地者,如浑钢打就、生铁铸成。直饶千圣出头来,现无量殊胜境界,见之亦如不见,况于此作奇特殊胜道理耶。昔药山②坐禅次,石头③问:"子在这里作甚么?"药山云:"一物不为。"石头云:"恁么,则闲坐也。"药山云:"闲坐则为也。"石头然之。看他古人,一个闲坐也奈何他不得。今时学道之士,多在闲坐处打住。近日丛林无鼻孔辈,谓之默照者④是也。又有一种脚跟元不曾点地,认得个门头户口光影,一向狂发,与说平常话不得,尽作禅会了。似这般底,唤业识⑤作本命元辰,更是不可与语本分事也。

【校注】

①本书作于南宋高宗绍兴十五年(1145)、宗杲五十七岁时。严教授,字子卿,生平不详。

②药山:即药山惟俨(751~834),中唐禅僧,山西绛州人,俗姓韩,师承石头希迁。之后引文见于《景德传灯录》卷

③石头：指石头希迁。
④默照者：宏智正觉等倡导默照禅的禅师。
⑤业识：众生由于造业而轮回的根本识。有时等同阿赖耶识。

不见云门大师①有言："光不透脱，有两般病：一切处不明，面前有物，是一。又透得一切法空，隐隐地似有个物相似，亦是光不透脱。又法身亦有两般病：得到法身，为法执不忘，己见犹存，坐在法身边，是一。直饶透得法身去，放过即不可，子细检点来，有甚么气息，亦是病。"②而今学实法者，以透过法身为极致，而云门返以为病。不知透过法身了，合作么生。到这里，如人饮水，冷暖自知。不著问别人，问别人则祸事也。所以云"真实到不疑之地者，如浑钢打就、生铁铸成"是也。如人吃饭饱时，不可更问人："我饱未饱？"

【校注】
①云门大师：指云门文偃。
②引文见于《五灯会元》卷十五。

昔黄檗①问百丈②："从上古人，以何法示人？"百丈只据坐。黄檗云："后代儿孙将何传授？"百丈拂衣便起云："我将谓汝是个人！"③这个便是为人底样子也。但向自信处看还得自信底消息绝也未，若自信底消息绝，则自然不取他人口头办④矣。临济云："汝若歇得念念驰求心，与释迦老子不别。"⑤不是欺人。第七地菩萨求佛智，心未满足，故谓之烦恼。直是无你⑥安排处，著一星儿外料不得。

数年前有个许居士,认得个门头户口,将书来呈见解云:"日用中空豁豁地,无一物作对待,方知三界⑦万法,一切元无。直是安乐快活,放得下。"因示之以偈曰:"莫恋净洁处,净处使人困。莫恋快活处,快活使人狂。如水之任器,随方圆短长。放下不放下,更请细思量。三界与万法,匪归何有乡。若只便怎么,此事大乖张。为报许居士,家亲作祸殃。豁开千圣眼,不须频祷禳。"

偶晨起稍凉,蓦然记得,子卿道友初得个入头时,尚疑恐是光影,遂将从来所疑公案拖照,方见赵州老汉⑧败阙处。不觉信笔葛藤如许。

【校注】

①黄檗:指黄檗希运。

②百丈:指百丈怀海。

③引文见于《景德传灯录》卷九。

④"办",荒本作"辨"。

⑤临济:指临济义玄。引文见于《临济录》。

⑥"你",大正本作"尔"。

⑦三界:即欲界、色界、无色界。(一)欲界,指具有淫欲、情欲、食欲的众生居住的世界。其范围上至他化自在天,中包括人间,下至无间地狱。(二)色界,指远离欲界淫、食二欲,而仍具有清净色质的众生所居的世界。其范围自初禅天至阿迦腻咤天,共十八天。(三)无色界,唯有受、想、行、识四心而无物质形象的众生所住的世界。此界包括空无边处天、识无边处天、无所有处天、非想非非想处天四天。

⑧赵州老汉:指赵州从谂。

四十八、答张侍郎子韶[①]

左右以自所得瞥脱处为极则,才见涉理路入泥入水为人底,便欲扫除,使灭踪迹。见宗杲[②]所集《正法眼藏》[③],便云:"临济下有数个庵主好机锋,何不收入?如忠国师[④]说义理禅,教坏人家男女,决定可删。"左右见道如此谛当,而不喜忠国师说老婆禅[⑤]。坐在净净洁洁处,只爱击石火、闪电光一著子。此外不容一星儿别道理,真可惜耳。故宗杲尽力主张,若法性不宽,波澜不阔,佛法知见不亡,生死命根不断,则不敢如此四楞著地,入泥入水为人。

【校注】

① 此书作于南宋高宗绍兴十九年(1149)、宗杲六十一岁时。张侍郎,名九成,字子韶,号无垢居士,祖籍开封,后徙居钱塘。曾任宗正少卿、权礼部侍郎、兼权刑部侍郎。张九成抵制秦桧与金议和,秦桧借故将其贬至南安军赋闲十四年。桧死,方复出。参见《宋史》卷三百七十四。

② "宗杲",卍本、荒本作"某"。

③ 《正法眼藏》:宗杲的著述之一,全书共六卷,集禅宗各派祖师上堂示众的语句而成,并加评述。一般认为本书于绍兴十一年(1141)宗杲流放衡阳时编撰。侍者冲密、慧然抄录,于绍兴十七年(1147)刊行。明代重刊时,卷首附有《大

慧书》中的《答张侍郎书》。

④忠国师：指南阳慧忠（？～775）。中唐名僧，浙江诸暨人，俗姓冉，六祖慧能门下五大弟子之一。慧忠曾受玄宗、肃宗、代宗三朝礼遇，世称南阳慧忠、南阳国师。

⑤老婆禅：禅林中，老师教导学生时，一再亲切叮咛的禅风。

盖众生根器不同故，从上诸祖各立门户施设，备众生机，随机摄化。故长沙岑大虫①有言："我若一向举扬宗教，法堂前须草深一丈，倩人看院始得。"既落在这行户里，被人唤作宗师，须备众生机说法。如击石火、闪电光一著子，是这般根器，方承当得。根器不是处，用之，则握②苗矣。宗杲③岂不晓瞥脱一椎，便七穿八穴是性躁？所以集《正法眼藏》，不分门类，不问云门④、临济⑤、曹洞⑥、沩仰⑦、法眼宗⑧，但有正知正见，可以令人悟入者，皆收之。见忠国师、大珠⑨二老宿，禅备众体，故收以救此一类根器者。左右书来云："决定可删。"观公之意，《正法眼藏》尽去除诸家门户，只收似公见解者方是。若尔，则公自集一书，化大根器者，有何不可。不必须教妙喜随公意去之。若谓忠国师说拖泥带水老婆禅便绝后，则如岩头⑩、睦州⑪、乌臼⑫、汾阳无业⑬、镇州普化⑭、定上座⑮、云峰悦⑯、法昌遇⑰诸大老，合儿孙满地，今亦寂然无主化者。诸公岂是拖泥带水、说老婆禅乎？然妙喜主张国师，无垢破除，初不相妨也。

【校注】

①岑大虫：即长沙景岑，又称长沙和尚。晚唐禅僧，师从

南泉普愿。之后引文见《景德传灯录》卷十。

②揠：音yà，拔。

③"宗杲"，卍本、荒本作"某"。

④云门：指云门宗，中国佛教禅宗五家之一。由于此宗的开创者文偃（864~949）在韶州云门山（广东乳源北）的光泰禅院，举扬一家宗风，后世称为云门宗。此宗宗风"函盖乾坤，截断众流，随波逐浪"，以"八要"接引学生：（一）玄，接化玄妙。（二）从，从学人之根机以接化之。（三）真要，拈出佛道宗旨。（四）夺，不容学人拟议，截断其烦恼性。（五）或，不拘言辞，接化自在。（六）过，宗风严峻，不许转身回避。（七）丧，不执己见。（八）出，接化自由，予学人出身之路。

⑤临济：指临济宗，中国佛教禅宗五家之一。参见《答吕郎中隆礼》校注。

⑥曹洞：指曹洞宗，中国佛教禅宗五家之一。参见《答李郎中似表》校注。

⑦沩仰：指沩仰宗，中国佛教禅宗五家之一。参见《答李郎中似表》校注。

⑧法眼宗：中国佛教禅宗五家之一。参见《答李郎中似表》校注。

⑨大珠：即大珠慧海。参见《答富枢密季申》第一书校注。

⑩岩头：指岩头全豁，唐代泉州人，俗姓柯，师从德山宣鉴，住于鄂州岩头。

⑪睦州：指睦州道明（780~877），又称道踪，晚唐僧，江南人，俗姓陈，黄檗希运之法嗣。

⑫乌臼：中唐禅僧，师承马祖道一。参见《景德传灯录》卷八。

⑬汾阳无业：中唐禅僧，商州上洛人，俗姓杜，师承马祖道一。参见《景德传灯录》卷八。

⑭镇州普化：晚唐禅僧，生年不详，卒于860年。师从槃山宝积（马祖道一法嗣），与临济义玄情谊深厚。曾游化镇州，言行狂悖，常出入城市或冢间，时而歌舞，时而悲号，人称"普化和尚"。

⑮定上座：中唐僧，师承临济义玄。

⑯云峰悦：即云峰文悦（998～1062），北宋僧，江西南昌人，俗姓徐，师承大愚守芝。参见《禅林僧宝传》卷二十二。

⑰法昌遇：即洪州法昌倚遇，北宋僧，漳州人，俗姓林，师承北禅智贤。参见《五灯会元》卷十六。

四十九、答徐显谟稚山①

左右频寄声妙喜，想只是要调伏水牯牛、捏杀这猢狲子耳。此事不在久历丛林、饱参知识，只贵于一言一句下直截承当，不打之遶②尔。据实而论，间不容发，不得已说个直截，已是纡曲了也。说个承当，已是蹉过了也。况复牵枝引蔓、举经举教、说理说事，欲究竟耶。古德云："但有纤毫即是尘。"③水牯牛未调伏，猢狲子未死，纵说得恒沙道理，并不干我一星儿事。然说得说不得，亦非外边事。不见江西老宿④有言："说得亦是汝心，说不得亦是汝心。"决欲直截担荷，见佛见祖如生冤家，方有少分相应。如此做工夫，日久月深，不著起心求悟，水牯牛自调伏，猢狲子自死矣。记取记取！但向平昔心意识凑泊不得处、取不得处、舍不得处，看个话头。僧问云门："如何是佛？"门云："干屎橛。"看时，不用将平昔聪明灵利思量卜度。拟心思量，十万八千未是远。莫是不思量、不计较、不拟心便是么？咄！更是个甚么？且置是事。

【校注】

①此书作于南宋高宗绍兴十六年（1146）、宗杲五十八岁时。徐显谟，字稚山，生平不详。

②"逺"，通"绕"。

③古德：指宝志和尚（418~514）。南朝僧，又称宝公、志公和尚。金城（陕西南郑）人，俗姓朱，师从道林寺僧俭。引文见于《景德传灯录》卷二十九所收《志公和尚十二时颂》。

④江西老宿：指马祖道一。

五十、答杨教授彦侯①

左右强项中，却有不可思议底柔和。致一言之下，千了百当。此事殊胜，若不问于强项中打发得几人，佛法岂到今日！非有般若根性，则不能如是。盛事盛事！示喻，欲来年春夏间,棹无底船,吹无孔笛,施无尽供,说无生话,要了无穷无始、不有不无巴鼻。但请来与这无面目汉商量,定不错了这话。又,承需道号,政欲相涂糊,可称快然居士。故真净老人②云:"快然大道只在目前,纵横十字拟而留连。"便是此义也。某在③长沙作久住计,左右他日果从此来,则林下不寂寞也。

【校注】

①杨教授,字彦侯,生平不详。

②真净老人:指真净克文(1025~1102)。北宋禅僧,陕府阌乡(今河南陕县)人,俗姓郑,号云庵,嗣法黄龙慧南,卒后赐号'真净'。之后引文见于《古尊宿语录》卷四十二。

③"在",卍本、荒本作"只在"。

五十一、答楼枢密 第一书①

不识别后日用应缘处,不被外境所夺否?视堆案之文,能拨置否?与物相遇时,能动转否?住寂静处,不妄想否?体究个事,无杂念否?故黄面老子有言:"心不妄取过去法,亦不贪著未来事。不于现在有所住,了达三世悉空寂。"②过去事或善或恶,不须思量,思量则障道矣。未来事不须计较,计较则狂乱矣。现在事到面前,或逆或顺③,亦不须著意,著意则扰方寸矣。但一切临时,随缘酬酢,自然合著这个道理。

逆境界容易打，顺境界难打。逆我意者，只消一个忍字，定省少时，便过了。顺境界直是无你④回避处，如磁石与铁相偶，彼此不觉合作一处。无情之物尚尔，况现行无明全身在里许作活计者。当此境界，若无智慧，不觉不知被他引入罗网，却向里许要求出路，不亦难乎！所以先圣云："入得世间，出世无余。"便是这个道理也。

　　近世有一种修行失方便者，往往认现行无明为人世间，便将出世间法强差排，作出世无余之事，可不悲乎！除夙有誓愿，即时识得破、作得主，不被他牵引。故净名有言："佛为增上慢人，说离淫怒痴为解脱耳。若无增上慢者，佛说淫怒痴性即是解脱。"⑤若免得此过，于逆顺境界中，无起灭相，始离得增上慢名字。恁么，方可作入得世间，谓之有力量汉。

　　已上所说，都是妙喜平昔经历过底，即今日用亦只如此修行。愿公趁色力强健，亦入是三昧。此外时以赵州"无"字提撕，久久纯熟，蓦然无心撞破漆桶，便是彻头处也。

【校注】

①此书作于南宋高宗绍兴二十五年（1155）、宗杲六十九岁时。楼枢密，名照，字仲晖，婺州永康人，北宋徽宗政和五年（1115）进士。绍兴十四年，授金书枢密院事。参见《宋史》卷三百八十。

②引文出自《华严经·十回向品》。

③"顺"，卍本作"事"。

④"你"，卍本作"作"。

⑤引文出自《维摩诘经·文殊师利问疾品》。

五十二、答楼枢密　第二书

日用工夫，前书已葛藤不少，但只依旧不变不动，物来则与之酬酢，自然物我一如矣。古德①云："放旷任其去住，静鉴觉其源流。语证则不可示人，说理则非证不了。"自证自得处，拈出呈似人不得，唯亲证亲得者，略露目前些子，彼此便默默相契矣。

示谕，自此不被人谩、不错用工夫矣。大槩②已正，欐柄已得。如善牧牛者索头常在手中，争得犯人苗稼？蓦地放却索头，鼻孔无捞摸处，平田③浅草一任纵横。慈明老人④所谓："四方放去休拦遏，八面无拘任意游，要收只在索头拨。"未能如是，当紧把索头，且与顺摩捋，淹浸工夫既熟，自然不著用意堤防矣。工夫不可急，急则躁动；又不可缓，缓则昏怛矣。忘怀、著意，俱蹉过。譬如掷剑挥空，莫论及之不及。

昔严阳尊者⑤问赵州："一物不将来时如何？"州云："放下著。"严阳云："一物既不将来，放下个甚么？"州云："放不下，担取去。"严阳于言下大悟。又有僧⑥问古德："学人奈何不得时如何？"古德云："老僧亦奈何不得。"僧云："学人在学地，故是奈何不得。和尚是大善知识，为甚么亦奈何不得？"古德云："我若奈何得，则便拈却你⑦这不奈何。"⑧僧于言下大悟。二僧悟处，即是楼枢密迷处；楼枢密疑处，即是二僧问处。法从分别生，还从分别灭，灭诸分别法，是法无生灭。细观来书,病已去尽,别证候亦不生矣。大段相近,亦渐省力矣。请只就省力处,放教荡荡地,忽然啐地破、嚗地断,便了。千万勉之。

【校注】

①古德:指清凉澄观(738~839),晚唐僧,华严宗第四祖,越州山阴(今浙江绍兴)人,俗姓夏侯,字大休,号清凉国师。一生著有《华严经疏》等书四百余卷。之后引文见《答皇太子问心要》。

②"槩",大正本、荒本作"概"。

③"田",卍本作"由"。

④慈明老人:即石霜楚圆。楚圆(986~1039),北宋禅僧,广西全州(今桂林)人,俗姓李,师承汾阳善昭。之后引文见于《禅林僧宝传》卷二十一。

⑤严阳尊者:指新兴严阳,赵州从谂的学生。

⑥僧:指圆净志元,唐代禅僧,生卒年不详,从学于石霜庆诸,号圆净大师。

⑦"你",大正本作"尔"。

⑧引文见于《五灯会元》卷六。

五十三、答曹太尉功显①

宗杲②虽年运而往矣,不敢不勉强力,以此事与衲子辈激扬。一日粥后,拨牌子,轮一百人入室,间有负命者上钩来,亦有咬人师子。以此法喜禅悦为乐,殊不觉倦,亦造物见怜耳。

左右福慧两全,日在至尊之侧,而留意此段大事因缘,真不可思议事。释迦老子曰:"有势不临难,豪贵学道难。"③非百劫千生曾承事善知识、种得般若种子深,焉能如是信得及?只这信得及处,便是成佛作祖底基本也。愿公只向信得及处觑捕,久久自透脱矣。然第一不得著意安排、觅透脱处。若著意,则蹉过也。释迦老子又曰:"佛道不思议,谁能思议佛?"④一又,佛问文殊师利曰:"汝入不思议三昧耶?"文殊曰:"弗也,世尊。我即不思议,不见有心能思议者,云何而言入不思议三昧?我初发心,欲入是定。如今思惟,实无心想而入三昧。如人学射,久习则巧;后虽无心,以久习故,箭发皆中。我亦如是,初学不思议三昧,系心一缘。若久习成就,更无心想,常与定俱。"⑤佛与祖师所受用处,无二无别。

近年丛林有一种邪禅,以闭目藏睛、骷卢都⑥地作妄想,谓之不思议事,亦谓之威音那畔空劫已前事。才开口,便唤作落今时,亦谓之根本上事,亦谓之净极光通达。以悟为落在第二头,以悟为枝叶边事。盖渠初发步时便错了,亦不知是错,以悟为建立。既自无悟门,亦不信有悟者。这般底谓之谤大般若、断佛慧命。千佛出世,不通忏悔。左右具验人眼久矣,似此等辈,披却师子皮,作野干鸣⑦,不可不知。某与左右虽未承颜接论,此心已默默相契多年矣。前此答字,极不如礼。今专遣法空禅人,代往致敬。故不暇入善思惟三昧,只恁么信手信意,不觉葛藤如许,聊谢不敏而已。

【校注】

①此书作于南宋高宗绍兴二十七年（1157）、宗杲六十九岁时。曹太尉，字功显（径本作公显），生平不详。

②"宗杲"，卍本、荒本作"某"。

③引文出自《四十二章经》。

④引文出自《华严经》卷二十三《兜率宫中偈赞品第二十四》。原文作："诸佛不思议，谁能思议佛。"

⑤引文出自《文殊师利摩诃般若波罗蜜经》卷下。

⑥"卢都"，径本作"都卢"。

⑦野干鸣：野干，狐之一种。野干鸣与狮子吼相对，比喻人修行未臻成熟而妄说真理。

卷六

五十四、答荣侍郎茂实　第一书①

　　承留心，欲究竟此一段大事因缘。既办②此心，第一不要急，急则转迟矣。又不得缓，缓则怠堕矣。如调琴之法，紧缓要得中，方成曲调。但向日用应缘处，时时觑捕：我这个能与人决断是非曲直底，承谁恩力？毕竟从甚么处流出？觑捕来觑捕去，平昔生处路头自熟。生处既熟，则熟处却生矣。那个是熟处？五阴③、六入④、十二处⑤、十八界⑥、二十五有⑦、无明业识、思量计较心识、昼夜熠熠如野马无暂停息底是。这一络索，使得人流浪生死⑧，使得人做不好事。这一络索既生，则菩提涅槃、真如佛性便现前矣。当现前时，亦无现前之量。故古德契证了，便解道：应眼时若千日万象，不能逃影质；应耳时若幽谷，大小音声无不足。如此等事，不假他求，不借他力，自然向应缘处活鱍鱍地。未得如此，且将这思量世间尘劳底心，回在思量不及处。试思量看！那个是思量不及处？僧问赵州："狗子还有佛性也无？"州云："无。"只这一字尽。你⑨有甚么伎俩？请安排看、请计较看！思量计较安排，无处可以顿放。只觉得肚里闷、心头烦恼时，正是好底时节。第八识⑩相次不行矣。觉得如此时，莫要放却。只就这"无"字上提撕，提撕来提撕去，生处自熟，熟处自生矣。

【校注】

①此书作于南宋高宗绍兴二十七年（1157）、宗杲六十九岁时。荣侍郎，字茂实，生平不详。

②"办"，荒本作"辨"。

③五阴：即五蕴。见《答吕郎中隆礼》校注。

④六入：又作六处。指眼、耳、鼻、舌、身、意等六根，或色、声、香、味、触、法等六境。六根为内六入，六境为外六入，总称十二入，亦作十二处。六根六境互涉入而生六识，故名入。六根六境为生六识之处，故名处。

⑤十二处：见上释。

⑥十八界：指六根、六境与六识，合称为十八界。

⑦二十五有：指众生轮回生死的二十五种存在境界。（1）地狱有；（2）畜生有；（3）饿鬼有；（4）阿修罗有；（5）弗婆提有；（6）瞿耶尼有；（7）郁单越有；（8）阎浮提有；（9）四天处有；（10）三十三天处有；（11）炎摩天有；（12）兜率天有；（13）化乐天有；（14）他化自在天有；（15）初禅有；（16）大梵天有；（17）二禅有；（18）三禅有；（19）四禅有；（20）无想有；（21）净居阿那含有；（22）空处有；（23）识处有；（24）不用处有；（25）非想非非想处有。

⑧"流浪生死"，卍本作"流生浪死"。

⑨"你"，大正本作"尔"。

⑩第八识：即阿赖耶识。瑜伽行派所说的根本心。小乘部派佛教时期，提出了眼识、耳识、鼻识、舌识、身识、意识等六识，瑜伽行派认为在此六识的深处，有不断地生死轮回、经常都有持续活动的根本性的心识，称之为阿赖耶识。参见《答

张提刑旸叔》校注。

近年以来，丛林中有一种唱邪说为宗师者，谓学者曰："但只管守静。"不知守者是何物，静者是何人，却言静底是基本。却不信有悟底，谓悟底是枝叶。更引僧问仰山①曰："今时人还假悟也无？"仰山曰："悟则不无，争奈落在第二头。"痴人面前不得说梦，便作实法会，谓悟是落第二头。殊不知，沩山②自有警觉学者之言，直是痛切，曰："研穷至理，以悟为则。"此语又向甚处著？不可沩山疑误后人，要教落在第二头也？

曹阁使亦留心此事，恐其被邪师辈所误，比亦如此书，忉忉怛怛写与。此公聪明识见，有大过人处，决不到错认方便语作实法会。但某未得与之目击，私忧过计耳。

闻老居士亦与之是道友，因笔不觉葛藤。无事相见时，试问渠取书一看，方知妙喜相期，不在眼底。彼此气义相投，又非势利之交，写了一纸，纸尽又添一纸，不暇更事形迹。此书亦如是。前书托是个中人，故曰："切不可道：老老大大，著甚来由？"若如此，则好事在面前，定放过矣。写时虽似率易，然亦机感相投，亦不觉书在纸上。荷公信得妙喜及，便把做事。日用应缘处，便恢张此个法门，以报圣主求贤安天下之意，真不负其所知也。愿种种堪忍，始终只如今日做将去，佛法、世法打作一片，且耕且战，久久纯熟，一举而两得之。岂非腰缠十万贯、骑鹤上扬州乎！

【校注】

①仰山：指仰山慧寂。参见《答李郎中似表》校注。
②沩山：指沩山灵祐。参见《答李郎中似表》校注。

五十五、答荣侍郎茂实　第二书

示谕，钟鸣漏尽①之讥。为君上尽诚，而下安百姓，自有闻弦赏音者。愿公凡事坚忍，当逆顺境，正好著力。所谓"将此深心奉尘刹，是则名为报佛恩。"②平昔学道，只要于逆顺界中受用。逆顺现前而生苦恼，大似平昔不曾向个中用心。祖师曰："境缘无好丑，好丑起于心。心若不强名，妄情从何起。妄情既不起，真心任遍知。"请于逆顺境中，常作是观，则久久自不生苦恼。苦恼既不生，则可以驱魔王，作护法善神矣。

前此"老老大大，著甚来由"之说，言犹在耳，岂忘之耶？欲识佛性义，当观时节因缘。以居士前十余载，闲自有闲时③时节。今日仕权在手，便有忙底时节。当念，闲时是谁闲？忙时是谁忙？须信忙时却有闲时道理，闲时却有忙时道理。正在忙中，当体主上起公之意，顷刻不可暂忘。自警自察，何以报之。若常作是念，则镬汤炉炭、刀山剑树上，亦须著向前。况目前些小逆顺境界耶？与公以此道相契，故不留情，尽净④吐露。

【校注】

①钟鸣漏尽：计时的钟声响了，计时的水漏完了。比喻年老离职，不为人赏识任用了。

②引文出自《楞严经》卷三。"佛恩"，南本、卍本、荒

本作"国恩"。

③"闲时",径本作"闲底"。

④"尽净",卍本作"争尽"。

五十六、答黄门司节夫①

收书并许多葛藤,不意便解如此拈弄。直是弄得来活鲅鲅地,真是自证自得者。可喜!可喜!但只如此,从教人道这官人不依本分,乱说乱道,他家自有通人爱。除是曾证曾悟者方知,若是听响之流,一任他钻龟打瓦,更批判得如来禅②、祖师禅③好,尽吃得妙喜拄杖也。且道,是赏伊、罚伊?一任诸方更疑三十年。

【校注】

①此书作于南宋高宗绍兴二十七年(1157)、宗杲六十九岁时。黄门司,字节夫,生平不详。

②如来禅:原出自《楞伽经》卷二。经云:"有四种禅。云何为四?谓愚夫所行禅、观察义禅、攀缘如禅、如来禅。"并说证入如来境界,救度一切众生,称为如来禅。圭峰宗密在《禅源诸诠集都序》中列举外道禅、凡夫禅、小乘禅、大乘禅、最上乘禅等五种禅,且称最上乘禅为"如来清净禅"。宗密认为,如来禅的目的是顿悟自心本来清净、具足无漏的智性,此种清净心与佛无异,达磨西来所传即此。

③祖师禅：与如来禅相对，指六祖慧能以下五家七宗之禅。主张教外别传，不立文字，不依言语，直接由师父传给弟子，祖祖相传，以心印心，见性成佛，故称祖师禅。"祖师禅"语出《景德传灯录》卷十一《仰山章》曰："师问香严：'师弟近日见处如何？'严曰：'某甲卒说不得。'乃有偈曰：'去年贫未是贫，今年贫始是贫；去年贫无卓锥之地，今年贫锥也无。'师曰：'汝只得如来禅，未得祖师禅。'"

五十七、答孙知县①

蒙以所修《金刚经》相示，幸得随喜一遍。近世士大夫，肯如左右留心内典者，实为希有。不得意趣，则不能如是信得及；不具看经眼，则不能窥测经中深妙之义。真火中莲也。详味久之，不能无疑耳。

左右诋诸圣师翻译失真，而汩乱本真，文句增减，违背佛意。又云："自始持诵，即悟其非。欲求定本，是正舛差。而习伪已久，雷同一律。暨得京师藏本，始有据依。复考绎天亲②、无著③论颂，其义吻合，遂泮然无疑。"又以长水④、孤山⑤二师，皆依句而违义。不识左右敢如是批判，则定尝见六朝所译梵本，尽得诸师翻译错谬，方始泮然无疑。既无梵本，便以臆见刊削圣意，则且未论招因带果，毁谤圣教，堕无间狱，恐有识者见之，却如左右检点诸师之过，还著于本人矣。古人有言："交浅而言深⑥，招尤之道也。"⑦某与左右素昧平生。左右以此经求印证，欲流布万世，于众生界中种佛种子，此是第一等好事。而又以某为个中人，以个中消息，相期于形器之外，故不敢不上禀。

昔清凉国师⑧造《华严疏》，欲正译师讹舛，而不得梵本，但书之于经尾而已。如《佛不思议法品》中，所谓"一切佛有无边际身，色相清净，普入诸趣而无染著"。清凉但云："《佛不思议法品》上卷，第三叶第十行，'一切诸佛'旧脱'诸'字。其余经本脱落，皆注之于经尾。"清凉亦圣师也，非不能添入及减削，止敢书之于经尾者，识法者惧也。又经中有"大琉璃"宝，清凉曰："恐是吠瑠璃。"旧本错写，亦不敢改，亦只如此注之经尾耳。

【校注】

①此书作于南宋高宗绍兴二十八年（1158）、宗杲七十岁时。孙知县，生平不详。

②天亲：又作世亲，4世纪至5世纪印度佛教著名论师。初习小乘佛教，后随其兄无著研习大乘佛教瑜伽唯识学，成为瑜伽唯识学派理论体系构建者之一。著有《俱舍论》、《唯识二十论》、《唯识三十颂》等大小乘佛教论书，号称千部论主。

③无著：世亲之兄，4世纪至5世纪印度佛教著名论师。相传他曾上升兜率天，从弥勒菩萨授给的《瑜伽师地论》，悟"唯识无境"真谛。之后，在印度弘扬瑜伽唯识学，著有《摄大乘论》、《显扬圣教论》、《顺中论》、《金刚经论》等，成为瑜伽唯识学派理论体系奠基者。

④长水：指长水子璇。北宋僧，字仲微，号长水，嘉兴人，嗣法琅玡慧觉。著有《首楞严义疏注经》二十卷等。见

《五灯会元》卷十二。

⑤孤山：指孤山智圆（976~1022），宋代天台宗山外一派的义学名僧。钱塘（今杭州）人，俗姓徐，字无外，号中庸子，或名替夫。先从奉先寺源清学习天台教观，后离群索居，研考经论，著述甚多。又通周、孔、荀、孟、扬雄、王通之书，常谓以儒修身，以释治心，欲调和儒、释、道三教。

⑥"深"，卍本、荒本作"深者"。

⑦《战国策·赵策》有"交浅而言深，是乱也"之语句。

⑧清凉国师：即清凉澄观（738~839）。华严宗第四祖，身历九朝，先后为七帝讲经，号清凉国师。著作颇多，有《大方广佛华严经疏》六十卷、《随疏演义钞》九十卷、《华严经纲要》三卷、《五蕴观》、《三圣圆融观门》等三十多种。

六朝翻译诸师，皆非①浅识之士。翻译场有译语者，有译义者，有润文者，有证梵语者，有正义者，有唐梵相校者。而左右尚以为错译圣意。左右既不得梵本，便妄加刊削，却要后人谛信，不亦难乎！如论长水依句而违义，无梵本证，如何便决定以其为非？此公虽是讲人，与他讲人不同。尝参琅玡广照禅师，因请益琅玡，《首楞严》中富楼那问佛"清净本然，云何忽生山河大地"之义。琅玡遂抗声云："清净本然，云何忽生山河大地？"长水于言下大悟。②后方披襟，自称座主。盖座主多是寻行数墨，左右所谓依句而不依义。长水非无见识，亦非寻行数墨者。

"不以具足相故，得阿耨菩提。"③经文大段分明，此文至浅至近，自是左右求奇太④过，要立异解，求人从己耳。左右引无著《论》⑤云："以法身应见如来，非以相具足故。若尔，如来虽不应以相具足见，应相具足为因，得阿耨菩提，为离此著故，经言："须菩提，于意云何，如来可以相成就得阿耨菩提？须菩提，莫作是念"等者，此义明相具足，体非菩提，亦不以相具足为因也，以相是色自性故。"此论大段分明，自是左右错见错解尔。色是相缘起，相是法界缘起。梁昭明太子⑥谓："莫作是念，如来不以具足相故，得阿耨菩提。"三十二分中，以此分为《无断无灭分》，恐须菩提不以具足相，则缘起灭矣。盖须菩提初在母胎，即知空寂，多不住缘起相。后引功德施菩萨《论》⑦末后："若相成就是真实有，此相灭时即名为断。何以故？以生故有断。"又怕人不会，又云："何以故？一切法是无生性，所以远离断常二边。远离二边，是法界相。"不说性而言相，谓法界是性之缘起故也。相是法界缘起故，不说性而言相。梁昭明所谓"无断无灭"是也。此段更分明，又是左右求奇太过，强生节目尔。

【校注】

①"皆非"，卍本、荒本作"非皆"。

②此段参见《五灯会元》卷十二。

③引文出自《金刚经·无断无灭分》。

④"太"，卍本、荒本作"大"。

⑤无著《论》：指无著的《金刚般若波罗蜜经论》。引文见于隋达摩笈多译本卷下。

⑥昭明太子：南朝梁武帝萧衍之长子，名统，字德施。因谥号"昭明"，后人遂称之为昭明太子。萧统为人孝敬笃实，博学宏才，其著述除收入《广弘明集》的《解二谛义》、《解法身义》、《谢敕赉制旨大涅槃经讲疏启》、《谢敕赉制旨大集

经讲疏启》之外,另有《文选》三十卷、《文集》二十卷、《英华集》二十卷、《古今典诰文言》十卷等。

⑦功德施菩萨《论》:指功德施菩萨的《金刚般若波罗蜜经破取著不坏假名论》。

若《金刚经》可以刊削,则一大藏教凡有看者,各随臆解,都可刊削也。知①韩退之②指《论语》中画字为昼字,谓旧本差错。以退之之见识,便可改了。而只如此论在书中,何也?亦是识法者惧尔。圭峰密禅师造《圆觉疏钞》,密于圆觉有证悟处,方敢下笔。以《圆觉经》中"一切众生皆证圆觉",圭峰改"证"为"具",谓译者之讹,而不见先③本,亦只如此论在《疏》中,不敢便改正经也。后来泐潭真净和尚④撰《皆证论》,论内痛骂圭峰,谓之"破凡夫臊臭汉",若一切众生皆具圆觉,而不证者⑤,畜生永作畜生,饿鬼永作饿鬼,尽十方世界,都卢是个无孔铁锤,更无一人发真归元,凡夫亦不须求解脱。何以故?一切众生皆已具圆觉,亦不须求证故。

左右以京师藏经本为是,遂以京本为据。若京师藏本从外州府纳入,如径山两藏经,皆是朝廷全盛时赐到,亦是外州府经生所写,万一有错,又却如何改正?左右若无人我,定以妙喜之言为至诚,不必泥在古今一大错上。若执己见为是,决欲改削,要一切人唾骂,一任刊版印行,妙喜也只得随喜赞叹而已。公既得遣人以经来求印可,虽不相识,以法为亲故,不觉忉忉怛怛相触忤。见公至诚,所以更不留情。左右决欲穷教乘、造奥义,当寻一名行讲师,一心一意与之参详,教彻头彻尾,一等是留心教网也。若以无常迅速,生死事大,己事未明,当一心一意,寻一本分作家,能破人生死窠窟者,与伊著死工夫厮崖,忽然打破漆桶,便是彻头处也。若只是要资谈柄,道我博极群书,无不通达,禅我也会,教我也会,又能检点得前辈诸译主讲师不到处,逞我能我解,则三教圣人都可检点,亦不必更求人印可,然后放行也。如何如何?

【校注】
①"知",校本均作"如"。
②韩退之:即韩愈,字退之。
③"先",校本均作"梵"。
④泐潭真净和尚:即真净克文(1025~1102)。北宋临济宗黄龙派僧,俗姓郑,号云庵,陕州阌乡(今河南阌乡)人。因机锋锐利,人称文关西,颇得宰相王安石、张商英崇敬。
⑤"者",卍本作"求"。

五十八、答张舍人状元安国①

左右决欲究竟此事,但常令方寸虚豁豁地,物来即应。如人学射,久久中的矣。不见达磨谓二祖曰:"汝但外息诸缘,内心无喘,心如墙壁,可以入道。"②如今人才闻此说,便差排,向顽然无知处硬自遏捺,要得心如墙壁去。祖师③所谓"错认何曾④解方便"者也。岩头⑤云:"才恁么,便不恁么。是句亦划,非句亦划。"这个便是外息诸缘、内心无喘底样子也。纵未得啐地折、嚗地破，亦不被语言所转矣。见月休观指，归家罢问程。情识未破，则心火熠熠地。正当恁么时，但只以所疑底话头提撕⑥。如僧问赵州："狗子还有佛性也无？"州云："无。"只管提撕举觉，左来也不是，右来也不是，又不得将心等悟，又不得向举起处承当，又不得作玄妙领略，又不得作有无商量，又不得作真无之无卜度，又不得坐在无事甲里，又不得向击石火、闪电光处会，直得无所用心。心无所之时，莫怕落空，这里却是好处。蓦然老鼠入牛角，便见倒断也。此事非难非易，除是夙曾种得般若种智之深，曾于无始旷大劫来承事真善知识，熏习得正知正见，在灵识中触境遇缘，于现行处筑著磕著，如在万人丛里认得自家父母相似。当恁么时，不著问人，自然求觅底心不驰散矣。云门云："不可说时即有，不说时便无也。不可商量时便有，不商量时便无也。"又自提起云："且道不商量时，是个甚么？"又怕人不会，又自云："更是甚么？"⑦

【校注】

①此书作于南宋高宗绍兴二十九年（1159）、宗杲七十一岁时。张舍人，名孝祥，字安国，厉阳乌江人，绍兴二十四年廷试第一。读书过目不忘，文章顷刻千言。曾任起居舍人、中书舍人等职。详见《宋史》卷三百八十九。

②引文见于《景德传灯录》卷三《第二十八祖菩提达摩大师别记》。

③祖师：指六祖慧能。之后引文见于《景德传灯录》卷五《信州智常禅师》。

④"曾"，大正本作"会"。

⑤岩头：指岩头全豁，唐代泉州人，俗姓柯，师从德山宣鉴，住于鄂州岩头。

⑥"提撕"，大正本作"提管"。

⑦引文参见《古尊宿语录》卷十六。

近年以来，禅有多途。或以一问一答，末后多一句为禅者。或以古人入道因缘，聚头商榷①云"这里是虚，那里是实，这语玄，那语妙"，或代或别为禅者。或以眼见耳闻，和会在三界唯心、万法唯识上为禅者。或以无言无说，坐在黑山下鬼窟里，闭眉合眼，谓之威音王那畔父母未生时消息，亦谓之默而常照为禅者。如此等辈，不求妙悟，以悟为落在第二头，以悟为诳呼人，以悟为建立。自既不曾悟，亦不信有悟底。

妙喜常谓衲子辈说，世间工巧技艺若无悟处，尚不得其妙。况欲脱生死，而只以口头说静，便要收杀。大似埋头向东走，欲取西边物，转求转远，转急转迟。此辈名为可怜愍者。教中谓之谤大般若、断佛慧命人。千佛出世，不通忏悔。虽是善因，返招恶果。宁以此身碎如微尘，终不以佛法当人情。决要敌生死，须是打破这漆桶始得。切忌被邪师顺摩捋，将冬瓜印子印定，便谓我千了百当。如此之辈，如稻麻竹苇。

左右聪明有识见，必不受这般恶毒。然亦恐用心之切，要求速效，不觉不知，遭他染污。故信笔葛藤如许。被明眼人觑见，一场败阙。千万相听，只以赵州一个"无"字，日用应缘处提撕，不要间断。古德有言："研穷至理，以悟为则。"若说得天华乱坠②，不悟，总是痴狂外边走耳。勉之，不可忽。

【校注】

① "攦",卍本作"确"。

② "华",卍本、荒本作"花"。"天华乱坠"见于《心地观经》:"六欲诸天来供养,天华乱坠遍虚空。"《法华经·譬喻品》亦曰:"诸天妓乐百千万种,于虚空中一时俱起,雨诸天华。"

五十九、答汤丞相进之①

丞相既存心此段大事因缘,缺减界中虚妄不实,或逆或顺,一一皆是发机时节。但常令方寸虚豁豁地、日用合做底事,随分拨遣。触境逢缘,时时以话头提撕,莫求速效。研穷至理,以悟为则。然第一不得存心等悟,若存心等悟,则被所等之心障却道眼,转急转迟矣。但只提撕话头,蓦然向提撕处生死心绝,则是归家稳坐之处。得到恁么处了,自然透得古人种种方便,种种异解自不生矣。

教中所谓"绝心生死,伐心稠林,浣心垢浊,解心执著"②。于执著处,使心动转。当动转时,亦无动转底道理。自然头头上明,物物上显,日用应缘处,或净或秽,或喜或怒,或顺或逆,如珠走盘,不拨而自转矣。得到这个时节,拈出呈似人不得,如人饮水,冷暖自知。

南阳忠国师有言:"说法有所得,是为野干鸣。"③此事如青天白日，一见便见。真实自见得底，邪师走作不得。前日亦尝面言，此事无传授。才说有奇特玄妙，六耳不同谋④之说，即是相欺。便好拽住，劈面便唾。

【校注】

①汤丞相，名思退，字进之，处州人，历任多职，南宋高宗绍兴二十七年（1157）入相。汤思退反对同金交战、始终与张浚不和。参见《宋史》卷三百七十一。

②引文出自《华严经》卷六十三《入法界品》。

③引文出自《景德传灯录》卷五。

④六耳不同谋：意谓三个人不能保密成事。

书生做到宰相，是世间法①中最尊最贵者。若不向此事上了却，即是虚来南阎浮提打一遭，收因结果时，带得一身恶业去。教中说："作痴福是第三生冤。"何谓第三生冤？第一生，作痴福，不见性。第二生，受痴福，无惭愧，不做好事，一向作业。第三生，受痴福尽，不做好事，脱却壳漏子②时，入地狱如箭射。人身难得，佛法难逢。此身不向今生度，更向何生度此身？学此道，须有决定志。若无决定志，则如听声卜者，见人说东，便随人向东走；说西，便随人向西走。若有决定志，则把得住，作得主宰。懒融③所谓："设有一法过于涅槃，吾说亦如梦幻。"况世间虚幻不实之法，更有甚么心情，与之打交涉也？愿公坚此志，以得入手为决定义，则纵使大地有情尽作魔王，欲来恼乱，无有得其便处。般若上无虚弃底工夫，若存心在上面，纵今生未了，亦种得种子深，临命终时，亦不被业识所牵堕诸恶趣④，换却壳漏子，转头来亦昧我底不得。

察之。

【校注】

①世间法：原意指因业力因缘所生的三界有情、非情等一切法。这里主要指世俗社会的一切。

②壳漏子：又作可漏子。比喻人的肉身。

③懒融：指牛头法融。

④恶趣：又作恶道。趣，往到之意。即因造恶业受报应，而所去往之处。一般以地狱、饿鬼、畜生三处称为三恶趣，又称三途。

六十、答樊提刑茂实①

示谕："能行佛事，而不解禅语。"能与不解，无别无同，但知能行者，即是禅语。会禅语而不能行佛事，如人在水底坐叫渴、饭箩里坐叫饥，何异？当知禅语即佛事，佛事即禅语，能行能解，在人不在法。若更向个里觅同觅别，则是"空拳指上生实解，根境法中虚捏②怪"③，如却行而求前，转急转迟，转疏转远矣。要得径截心地豁如，但将能与不能、解与不解、同与不同、别与不别、能如是思量、如是卜度者，扫向他方世界。却向不可扫处看，是有是无、是同是别？蓦然心思意想绝，当怎么时，自不著问人矣。

【校注】

①樊提刑，字茂实，生平不详。
②"捏"，大正本作"挽"。
③引文见《永嘉证道歌》。

六十一、答圣泉珪和尚①

既得外护者存心相照，自可拨置人事，频与衲子辈作佛事，久久自殊胜。更望室中与之子细，不得容人情，不得共伊落草，直似之以本分草料，教伊自悟自得，方是尊宿为人体裁也。若是见伊迟疑不荐，便与之下注脚，非但瞎却他眼，亦乃失却自家本分手段。不得人，即是吾辈缘法，只如此，若得一个半个本分底，亦不负平昔志愿也。

【校注】
①圣泉珪和尚：指温州龙翔士珪禅师。士珪，两宋之际禅僧，俗姓史，成都人，嗣法佛眼清远。《大慧年谱》绍兴元年（1131）和绍兴三年下，记载了大慧和士珪禅师的交往。参见《五灯会元》卷二十。

六十二、答鼓山逮长老①

专使来，收书并信香②等。知开法出世，唱道于石门，不忘所从来，为岳长老拈香，续杨岐宗派③。既已承当个事，须卓卓地做，教彻头彻尾。以平昔实证实悟底一著子，端居丈室，如担百二十斤担子从独木桥上过，脚蹉手跌，则和自家性命不可保，况复与人抽钉拔楔、救济他人耶？古德④云："此事如八十翁翁入场屋，岂是儿戏？"又古德⑤云："我若一向举扬宗教，法堂前草深一丈，须倩人看院始得。"岩头⑥每云："向未屙已前一觑，便眼卓朔地。"晏国师⑦"不跨石门句"；睦州"现成公案，放你三十棒"⑧；汾阳无业"莫妄想"⑨；鲁祖⑩凡见僧入门，便转身面壁而坐。为人时，当不昧这般体裁，方不失从上宗旨耳。

【校注】

①此书作于南宋高宗绍兴二十四年（1154）、宗杲六十六岁时。鼓山逮长老，即鼓山宗逮，宗杲的再传弟子。

②信香：禅僧初出住持一寺，称为出世开法。其时赍香寄其师，以通嗣法之信，称为信香。

③杨岐宗派：禅宗五家中临济宗的分派。创宗人为杨岐方会（996~1049），俗姓冷，袁州（今江西）宜春人，嗣法石霜慈明。著有《杨岐方会和尚语录》二卷。临济宗的杨岐派和黄

龙派同时兴起，后来黄龙法脉断绝，杨岐也恢复临济旧称，所以临济宗后期的历史，也就是杨岐派的历史。

④古德：指云居道膺。道膺（？~902），晚唐禅僧，幽州（今河北）蓟门玉田人，俗姓王，嗣法洞山良价。

⑤古德：指长沙景岑。引文见于《五灯会元》卷四。

⑥岩头：即岩头全豁禅师（828~887），泉州人，俗姓柯，参德山而契旨。见《景德传灯录》卷十六。

⑦晏国师：指鼓山神晏。"不跨石门"出自《景德传灯录》卷十八。"师问僧：'鼓山有不跨石门句，汝作么生道？'僧道：'请！'师乃打之。"

⑧睦州：指睦州道明。"你"，大正本作"尔"。引文参见《景德传灯录》卷十二。

⑨汾阳无业：商州上洛（今陕西商县）人，俗姓杜，从马祖道一得悟。"莫妄想"：见《景德传灯录》卷八《汾阳无业章》："凡学者致问，师（汾阳无业）多答之曰：莫妄想。"

⑩鲁祖：即鲁祖宝云，马祖道一法嗣。参见《景德传灯录》卷七。

昔沩山谓仰山曰："建法幢、立宗旨于一方，五种缘备，始得成就。"五种缘，谓外护①缘、檀越②缘、衲子③缘、土地缘、道缘。闻霜台赵公是汝请主，致政司业郑公，送汝入院。二公天下士。以此观之，汝于五种缘稍备。每有衲子自闽中来者，无不称叹法席之盛，檀越归向，士大夫外护，住持无魔障，衲子云集。可以趁色力未衰时，频与衲子激扬个事。垂手之际，须著精彩，不得莽卤。盖近年以来，有一种禅贩之辈，到处学得一堆一担相似禅，往往宗师造次放过，遂至承虚接响，递相印授，误赚后人，致使正宗淡薄，单传直指之风几扫地矣。不可不子细。

五祖师翁④住白云时，尝答灵源和尚⑤书云："今夏诸庄，颗粒不收，不以为忧。其可忧者，一堂数百衲子，一夏无一人透得个'狗子无佛性'话，恐佛法将灭耳。"汝看主法底宗师用心，又何曾以产钱多少、山门大小为重轻、米盐细务为急切来？汝既出头，承当个善知识名字，当一味以本分事接待方来。所有库司财谷，分付知因识果知事，分司列局，令掌之，时时提举大纲。安僧不必多，日用斋粥，常教后手有余，自然不费力。

衲子到室中，下刃要紧，不得拖泥带水。如雪峰空禅师⑥，顷在云居云门相聚，老汉知渠不自欺，是个佛法中人，故一味以本分钳锤似之。后来自在别处打发，大法既明，向所受过底钳锤，一时得受用，方知妙喜不以佛法当人情。去年送得一册语录来，造次颠沛，不失临济宗旨。今送在众寮中，与衲子辈看。老汉因掇笔书其后，特为发扬，使本分衲子为将来说法之式。若使老汉初为渠拖泥带水说老婆禅，眼开后定骂我无疑。所以古人云："我不重先师道德，只重先师不为我说破。若为我说破，岂有今日？"⑦便是这个道理也。赵州云："若教老僧随伊根机接人，自有三乘十二分教接他了也。老僧这里只以本分事接人，若接不得，自是学者根性迟钝，不干老僧事。"⑧思之思之！

【校注】

①外护：僧侣以外的在家信众。他们为佛教从事种种善行，从外部以权力、财富、知识或劳力等护持佛教，并为之扫

除种种障碍。

②檀越：即施主。

③衲子：禅僧之别称，又云衲僧，禅僧多著一衲衣而游方，故名。

④五祖师翁：即五祖法演（？～1104），北宋禅僧，绵州巴西（今四川绵阳）人，俗姓邓，师承白云守端。其弟子有宗杲的老师圆悟克勤。

⑤灵源和尚：即灵源惟清。

⑥雪峰空禅师：即雪峰慧空（1096～1158），两宋之际禅僧，师承泐潭善清。

⑦古人：指洞山良价。引文出自《五灯会元》卷十三。

⑧引文见于《古尊宿语录》卷十三。

后序①

净居居士　黄文昌

大慧禅师说法四十余年,言句满天下。平时不许参徒编录,而衲子私自传写,遂成卷帙。晚年因众力请,乃许流通。然在会有先后,见闻有详略。又,贤士大夫所得法语,各自宝藏,无缘尽睹。今之所收,殊为未尽。俟更采集,别为后录。

文昌谨白

【校注】

①底本无此《后序》,依卍本、荒本补。

谢降赐大慧禅师语录入藏奏札①

蕴 闻

臣僧蕴闻，昨于乾道②七年三月中，不惧天诛，以先师大慧禅师臣宗杲语录投进，仍乞特旨，送福州入藏，伏准。五月十九日，圣旨已送福州东禅寺。入藏讫者，冒昧上陈，方虞罪戾。恩光下逮，俯赐矜俞。梵释重辉，山泽增气。凡居闻见，罔不欢欣。

恭惟皇帝陛下如天鉴，观得佛心法。念微言之易泯，参秘藏以并传。先师臣宗杲，植百劫之胜因，逢千载之嘉会。么微有幸，得叨预于殊荣。梵诵何功？冀仰酬于大造。臣无任瞻天望圣，激切屏营之至。

乾道八年正月日，径山能仁禅院住持慧日禅师臣蕴闻奏札。

【校注】

①底本及大正本有此《奏札》，卍本、荒本无。
②乾道：南宋孝宗年号之一，1165~1173年。

附编一

大慧宗杲生平思想资料辑录

一、传记

1.《五灯会元》卷十九《径山宗杲禅师》①

临安府径山宗杲大慧普觉禅师,宣城奚氏子,夙有英气。年十二入乡校,一日,因与同窗戏,以砚投之,误中先生帽,偿金而归。曰:"大丈夫读世间书,曷若究出世法!"即诣东山慧云院,事慧齐。

年十七薙发②,具毗尼③。偶阅《古云门录》,恍若旧习。往依广教珵禅师,弃,游四方。从曹洞诸老宿,既得其说,去登宝峰,谒湛堂准禅师④,堂一见异之。俾侍巾裓,指以入道

---

① 《五灯会元》:著名禅书,共二十卷,宋普济撰。此书取材道原所编《景德传灯录》、李遵勖所编《天圣广灯录》、维白所编《建中靖国续灯录》、道明所编《联灯会要》、正受所编《嘉泰普灯录》,普济撮其要旨,删繁就简,合五为一,取名《五灯会元》。其内容包括过去七佛、西天二十七祖、东土六祖、青原下十六世及南岳下十七世等诸付法禅师之列传,使七宗源流本末,了然于掌。其中虽无拈古、颂古等内容,但对宋末之前著名禅师之机缘、语录均加缀笔,禅家之行棒行喝、一问一答等机用,莫不略载。号称"公案之渊薮,禅学之大成"。元明以来,颇受欢迎。普济(1179~1253),南宋禅僧,四明奉化人,俗姓张,号大川。年十九出家,先学天台性具之理,后志于禅,师从浙翁如琰。
② 薙发:指剃度。
③ 毗尼:律藏之梵名,此处指受戒。
④ 湛堂准禅师:指湛堂文准(1061~1115)。文准,宋代临济宗黄龙派僧,陕西人,俗姓梁,字湛堂。出家后,师从真净克文。著有《湛堂准和尚语要》一卷,收录于《续古尊宿语要》卷一。文准对大慧宗杲参禅颇有启发之功。宗杲尝云:"宗杲虽参圆悟和尚打失鼻孔,元初与我安鼻孔者,却得湛堂和尚。"

捷径。师横机无所让，堂诃曰："汝曾未悟，病在意识，领解则为所知障。"堂疾革，嘱师曰："吾去后当见川勤①，必能尽子机用。"勤即圆悟。堂卒，师趋谒无尽居士②，求堂塔铭。无尽门庭高，少许可，与师一言相契，下榻延之，名师庵曰妙喜。洎后再谒，且嘱令见圆悟。

师至天宁，一日闻悟升堂，举："僧问云门：'如何是诸佛出身处？'门曰：'东山水上行。'若是天宁即不然，忽有人问：'如何是诸佛出身处？'只向他道：'薰风自南来，殿阁生微凉。'"师于言下忽然前后际断，虽然动相不生，却坐在净裸裸处。悟谓曰："也不易你得到这田地，可惜死了，不能得活。不疑言句，是为大病。不见道，悬崖撒手，自肯承当。绝后再苏，欺君不得。须信有这个道理。"遂令居择木堂，为不厘务侍者，日同士大夫入室。择木乃朝士止息处。

悟每举"有句无句，如藤倚树"问之，师才开口，悟便曰："不是，不是。"经半载，遂问悟："闻和尚当时在五祖曾问这话，不知五祖道甚么？"悟笑而不答。师曰："和尚当时须对众问，如今说亦何妨？"悟不得已，谓曰："'我问有句无句如藤倚树，意旨如何？'祖曰：'描也描不成，画也画不就。'又问：'树倒藤枯时如何？'祖曰：'相随来也。'"师当下释然，曰："我会也。"悟遂举数因缘诘之，师酬对无滞。悟曰："始知吾不汝欺。"遂著《临济正宗记》付之，俾掌记室。未几，令分座室中，握竹篦以验学者。丛林浩然归重，名振京

---

① 川勤：指圆悟克勤。
② 无尽居士：指张商英。张商英，字天觉，蜀州新津（今四川新津县）人，历任多职，宋徽宗大观四年（1110）入相。

师。右丞相吕公舜徒奏赐紫衣、佛日之号。

会女真之变①，其酋欲取禅僧十数人，师在选，得免。趋吴虎丘度夏②。因阅《华严》至"菩萨登第七地证无生法忍"，洞晓向所请问湛堂殃崛摩罗持钵至产妇家因缘。时圆悟诏住云居，师往省觐，至山次日，即请为第一座。时会中多龙象，以圆悟久虚座元，俟师之来，颇有不平之心。及冬至秉拂，昭觉元禅师出众问云："眉间挂剑时如何？"师曰："血溅梵天。"圆悟于座下以手约云："住！住！问得极好，答得更奇。"元乃归众。丛林由是改观。

圆悟归蜀。师于云居山后古云门旧址创庵以居，学者云集。久之，入闽，结茅于长乐洋屿，从之得法者十有三人。又徙小溪云门庵，后应张丞相魏公浚径山之命。

开堂日，僧问："人天普集，选佛场开，祖令当行，如何举唱？"师云："钝鸟逆风飞。"曰："遍界且无寻觅处，分明一点座中圆。"师曰："人间无水不朝东。"复有僧竞出，师约住曰："假使大地尽末为尘，一一尘有一口，一一口具无碍广长舌相，一一舌相出无量差别音声，一一音声发无量差别言词，一一言词有无量差别妙义，如上尘数衲僧各各具如是口、如是舌、如是音声、如是言词、如是妙义，同时致百千问难，问问各别，不消长老咳嗽一声，一时答了。乘时于其中间作无量无边广大佛事，一一佛事周遍法界。所谓一毛现神变，一切

---

① 女真之变：北宋钦宗靖康元年（1126），女真人攻陷汴京，掳徽、钦二帝，宋室被迫南迁，北宋灭亡。
② 度夏：指结夏安居之制。每年农历四月十六日起，僧人开始度夏，至七月十五日结束。度夏期间，出家人禁止外出，居于一处致力修行，又称安居。

佛同说，经于无量劫，不得其边际。便怎么去闹热门庭即得。正眼观来，正是业识茫茫，无本可据，祖师门下一点也用不着，况复勾章棘句、展弄词锋。非唯埋没从上宗乘，亦乃笑破衲僧鼻孔。所以道：毫厘系念，三涂业因，瞥尔情生，万劫羁锁。圣名凡号，尽是虚声，殊相劣形，皆为幻色。汝欲求之，得无累乎？及其厌之，又成大患。看他先圣怎么告报，如国家兵器，岂得已而用之？本分事上亦无这个消息。山僧今日如斯举唱，大似无梦说梦，好肉剜疮，检点将来合吃拄杖，只今莫有下得毒手者么？若有，堪报不报之恩，共助无为之化；如无，倒行此令去也。"蓦拈拄杖云："横按镆铘全正令，太平寰宇斩痴顽。"卓拄杖喝一喝，便下座。

　　道法之盛，冠于一时。众二千余，皆诸方俊乂。侍郎张公九成①亦从之游，洒然契悟。一日，因议及朝政，与师连祸。绍兴辛酉五月，毁衣牒②，屏居衡阳。乃裒先德机语，间与拈提，离为三帙，目曰《正法眼藏》。凡十年，移居梅阳。又五年，高宗皇帝特恩放还。明年春，复僧伽梨③。四方虚席以邀，率不就。后奉朝命，居育王。逾年，有旨改径山，道俗歆慕如初。

　　孝宗皇帝为普安郡王时，遣内都监入山谒师，师作偈为

---

① 张公九成：即张九成，参见《答张侍郎子韶》校注。
② 牒：又称度牒，由官方颁发给僧尼的证明书，上面详载僧尼的本籍、俗名、年龄、所属寺院、师名以及官署关系者的联署。僧尼持此度牒，不但有了明确的身份，可以得到政府的保障，同时还可以免除地税徭役。我国自北魏时即存此制。
③ 僧伽梨：比丘三衣之一，即九条以上之衣。因其必须割截后始能制成，故又称重衣、复衣、重复衣；因条数多，又称杂碎衣；因其为比丘入王宫、聚落时所须穿着，又称入王宫聚落衣；因其在诸衣中最大，又称大衣；因其共有下中上三位九品之别，又称九品大衣。

献。及在建邸，复遣内知客诣山，供五百应真①，请师说法，祝延圣寿，亲书妙喜庵三字，并制赞以宠寄之。

上堂："欲识佛性义，当观时节因缘。时节若至，其理自彰。"举起拂子曰："还见么？"击禅床曰："还闻么？闻见分明，是个甚么？若向这里提得出去，皇恩佛恩一时报足；其或未然，径山打葛藤②去也。"复举起拂子曰："看！看！无量寿③世尊在径山拂子头上放大光明，照不可说不可说又不可说佛刹微尘数世界中转大法轮，作无量无边广大佛事。其中若凡若圣，若正若邪，若草若木，有情无情，遇斯光者，皆获无上正等菩提④。所以诸佛于此得之，具一切种智；诸大菩萨于此得之，成就诸波罗密；辟支独觉于此得之，出无佛世，现神通光明，诸声闻众洎夜来迎请；五百阿罗汉于此得之，得八解脱⑤、具六神通；天人于此得之，增长十善⑥；修罗于此得之，除其骄慢；地狱于此得之，顿超十地；饿鬼傍生及四生九类一

---

① 应真：阿罗汉之旧译，意为应受人天供养的真人。
② 葛藤：禅林用语。指文字、语言如葛藤蔓延交错，本用来解释、说明事相，反遭其缠绕束缚。玩弄无用之语句，称为闲葛藤；执著于文字语言，而不得真义之禅，称为葛藤禅。此外，《出曜经》卷三中，以葛藤比喻烦恼。参见《古尊宿语录》卷六。
③ 无量寿：阿弥陀佛之意译，据《阿弥陀经》载，此佛光明无量、寿命无量。
④ 无上正等菩提：即无上正等正觉，菩提即觉悟。
⑤ 八解脱：八种由浅入深的禅观行法门。依此八种禅定力量可断三界烦恼，证得解脱，故名八解脱。又名八背舍，即依八种禅定力以背弃五欲境，且舍离其贪执心。《大毗婆沙论》卷八十四："八解脱者，（一）有色观诸色解脱；（二）内无色想，观外色解脱；（三）净解脱身作证具足住；（四）超诸色想，灭有对想，不思惟种种想，入无边空，空无边处具足住解脱；（五）超一切空无边处，入无边识，识无边处具足住解脱；（六）超一切识无边处，入无所有，无所有处具足住解脱；（七）超一切无所有处，入非想非非想处，具足住解脱；（八）超一切非想非非想处，入想受灭身作证，具足住解脱。"
⑥ 十善：佛教对世间善行的总称。它由三种身善（不杀生、不偷盗、不邪淫）、四种语善（不妄语、不恶口、不两舌、不绮语）及三种意善（不贪欲、不嗔恚、不邪见）组成。又称十善道、十善业道、十善根本业道或十白业道。

切有情于此得之，随其根性，各得受用。无量寿世尊放大光明，作诸佛事已竟，然后以四大海水灌弥勒世尊顶，与授阿耨多罗三藐三菩提记，当于补处作大佛事。无量寿世尊有如是神通，有如是自在，有如是威神，到这里还有知恩报恩者么？若有，出来与径山相见，为汝证明；如无，听取一颂：'十方法界至人口，法界所有即其舌。祇凭此口与舌头，祝吾君寿无间歇。亿万斯年注福源，如海滉漾永不竭。师子窟内产狻猊，鸾鸑定出丹山穴。为瑞为祥遍九垓，草木昆虫尽欢悦。稽首不可思议事，喻若众星拱明月。故今宣畅妙伽陀，第一义中真实说。'"

上堂："祖师道：'一心不生，万法无咎。'无咎无法，不生不心，能随境灭，境逐能沉，境由能境，能由境能。大小祖师却作座主见解，径山即不然。眼不自见，刀不自割，吃饭济饥，饮水定渴。临济德山特地迷，枉费精神施棒喝；除却棒拈却喝，孟八郎汉如何止遏。"

上堂：拈拄杖卓一下，喝一喝曰："德山棒，临济喝，① 今日为君重拈掇；天何高，地何阔，休向粪埽堆上更添搕𢶍。换却骨，洗却肠，径山退身三步许，你诸人商量，且道作么生商量？"掷下拄杖，喝一喝曰："红粉易成端正女，无钱难作好儿郎。"

上堂："正月十四十五，双径椎锣打鼓；要识祖意西来，看取村歌社舞。"

上堂："久雨不曾晴，豁开天地清；祖师门下事，何用更

---

① 德山棒，临济喝：德山宣鉴常以棒打接引学人，形成独特禅风，世称"德山棒"。临济义玄对学生常常叱喝，以显机用，世称"临济喝"。

施呈。"

上堂：举圆通秀禅师①示众曰："'少林九年冷坐，刚被神光觑破；如今玉石难分，祇得麻缠纸裹。这一个，那一个，更一个，若是明眼人，何须重说破？'径山今日不免狗尾续貂也，有些子胡涂。老胡九年话堕，可惜当时放过。致令默照之徒鬼窟长年打坐。这一个，那一个，更一个，虽然苦口叮咛，却似树头风过。"

结夏上堂："文殊三处安居，志公②不是闲和尚；迦叶欲行正令，未免眼前见鬼。且道径山门下今日事作么生？"下座后大家触礼三拜。

上堂，僧问："有么？有么？"庵主竖起拳头还："端的也无。"师便下座，归方丈。

上堂："水底泥牛嚼生铁，侨梵钵提咬著舌；海神怒把珊瑚鞭，须弥灯王痛不彻。"

上堂："才方八月中秋，又是九月十五。"卓拄杖曰："唯有这个不迁。"掷拄杖曰："一众耳闻目睹。"圆悟禅师忌，师拈香曰："这个尊慈平昔强项，气压诸方，逞过头底颠顶，用格外底儱侗。自言我以木樒子换天下人眼睛，殊不知被不孝之子将断贯索，穿却鼻孔。索头既在径山手里，要教伊生也由径山，要教伊死也由径山。且道以何为验？"遂烧香曰："以此为验。"

---

① 圆通秀禅师：指法云寺圆通法秀。法秀，北宋禅僧，青原十一世，秦州陇城人，师从天衣义怀。
② 志公：指宝志禅师（418~514）。宝志，南朝僧，又作保志，世称宝公、志公和尚，金城（今陕西南郑或江苏句容）人，俗姓朱，年少出家，师事道林寺僧俭，修习禅业。梁天监十三年（514）十二月示寂，寿九十六，谥号广济大师。后代续有追赠，如妙觉大师、道林真觉菩萨、道林真觉大师、慈应惠感大师、普济圣师菩萨、一际真密禅师等。著述有《文字释训》三十卷、《十四科颂》十四首、《十二时颂》十二首、《大乘赞》十首等。

僧问:"达磨西来,将何传授?"师曰:"不可总作野狐精见解。"曰:"如何是粗入细?"师曰:"香水海里一毛孔。"曰:"如何是细入粗?"师曰:"一毛孔里香水海。"问:"古镜未磨时如何?"师曰:"火不待日而热。"曰:"磨后如何?"师曰:"风不待月而凉。"曰:"磨与未磨时如何?"师曰:"交。"问:"不与万法为侣者是甚么人,待汝一口吸尽西江水,即向汝道意作么生?"师曰:"钉钉胶粘。"问:"一法若有,毗卢堕在凡夫;万法若无,普贤失其境界。去此二途,请师速道。"师曰:"脱壳乌龟飞上天。"问:"高揖释迦、不拜弥勒时如何?"师曰:"梦里惺惺。"问:"大修行底人还落因果也无?前百丈①曰不落因果,为甚么堕野狐身?"师曰:"逢人但恁么举。"曰:"祇如后百丈道不昧因果,为甚么脱野狐身?"师曰:"逢人但恁么举。"曰:"或有人问,径山大修行底人还落因果也无?未审和尚向他道甚么?"师曰:"向你道,逢人但恁么举?"问:"明头来时如何?"师曰:"头大尾颠纤。"曰:"暗头来时如何?"师曰:"野马嘶风蹄拨剌。"曰:"明日大悲院里有斋,又作么生?"师曰:"雪峰②道底。"问:"过去心不可得、现在心不可得、未来心不可得时如何?"师曰:"亲言出亲口。"曰:"未审如何受持?"师曰:"但恁么受持,决不相赚。"问:"我宗无语句,实无一法与人时如何?"师曰:"五味馂③秤锤。"问:"心佛俱忘时如何?"师曰:"卖扇老婆手遮

---

① 百丈:指百丈怀海(720~814)。怀海,唐代著名禅僧,我国禅宗丛林清规(《百丈清规》)之制定者,福州长乐人,俗姓王,马祖道一的学生。因怀海后半生居于洪州百丈山(今江西奉新),故世称百丈禅师。
② 雪峰:即雪峰义存。参见《答汪内翰彦章》第一书校注。
③ 馂:音 zàn,原意指以羹浇饭。

日。"问:"教中道,尘尘说,刹刹说,无间歇,未审以何为舌?"师拍禅床右角一下。僧曰:"世尊不说说,迦叶不闻闻也。"师拍禅床左角一下。僧曰:"也知今日,令不虚行。"师曰:"识甚好恶。"师室中问僧:"不是心,不是佛、不是物,你怎么生会?"僧曰:"领。"师曰:"领你屋里七代先灵。"僧便喝。师曰:"适来领,而今喝,干他不是心、不是佛、不是物甚么事?"僧无语,师打出。

僧请益夹山①境,话声未绝,师便喝,僧茫然。师曰:"你问甚么?"僧拟举,师连打喝出。师才见僧入,便曰:"不是,出去。"僧便出。师曰:"没量大人被语脉里转却。"次一僧入,师亦曰:"不是,出去。"僧却近前,师曰:"向你道不是,更近前觅个甚么?"便打出。复一僧入曰:"适来两僧不会和尚意?"师低头嘘一声,僧罔措。师打曰:"却是你会老僧意?"问僧:"我前日有一问在你处,你先前日答我了也,即今因甚么瞌睡?"僧曰:"如是,如是。"师曰:"道甚么?"僧曰:"不是,不是。"师连打两棒曰:"一棒打你如是,一棒打你不是。"举竹篦问僧曰:"唤作竹篦则触,不唤作竹篦则背,不得下语,不得无语,速道,速道。"僧曰:"请和尚放下竹篦即与和尚道。"师放下竹篦,僧拂袖便出。师曰:"侍者认取这僧著。"又举问僧,僧曰:"瓮里怕走却鳖那。"师下禅床擒住曰:"此是谁语?速道。"僧曰:"实不敢谩昧老师,此是竹庵和尚②教某怎么道。"师连打数棒曰:"分明举似诸方。"

---

① 夹山:指唐代善会禅师(805~881)。善会,广州岘亭人,俗姓廖,师从船子德诚。善会曾先后住于江苏之夹山、湖南澧州之夹山举扬禅风,故世称夹山善会禅师,或仅以"夹山"代称之。
② 竹庵和尚:指宋代禅僧可观。可观,字宜翁,号竹庵,自称法界庵主。俗姓戚。宋孝宗淳熙九年(1182),年九十九端坐而化。著有《山家义苑》、《菊坡》等集。

师年迈求解，辛巳春，得旨退居明月堂。隆兴改元。一夕，星殒于寺西，流光赫然，寻示微恙。八月九日，学徒问安，师勉以弘道，徐曰："吾翌日始行。"至五鼓，亲书遗奏。又贻书辞紫岩居士①。侍僧了贤请偈，复大书曰："生也祗怎么，死也祗怎么，有偈与无偈，是甚么热大。"掷笔，委然而逝。平明有虵②尺许，腰首白色，伏于龙王井栏，如义服者，乃龙王示现也。四众哀号远近，悲师示寂。及遗奏既驰入奏，皇帝闻而叹惜。上制师真赞曰：生灭不灭，常住不住；圆觉空明，随物现处。丞相以次致祭者沓来，门弟子塔全身于明月堂之侧。寿七十有五，夏五十有八。诏以明月堂为妙喜庵，谥曰普觉，塔名宝光。淳熙初，赐其全录八十卷随大藏流行。

2.《宝庆四明志》③ 卷九《僧宗杲》

僧宗杲，赐号佛日大师，自称妙喜庵。绍兴辛酉，忤秦桧，勒返初服，窜南中。丙子，桧死，被旨北归，还其僧械。乃受请住育王，参学之人数常千百，丛林之盛，无与为比。常募缘及捐衣盂，合緡④钱十万，筑海塘、创涂田，以养其徒，号般若庄，至今赖之。其住世行业、接物机缘，有语录、塔碑在，此不备载。

---

① 紫岩居士：指张浚。参见《答张丞相》校注。
② 虵：同"蛇"。
③ 《宝庆四明志》：南宋罗浚撰。罗浚，庐陵人，官至赣州录事参军。全书共二十一卷，记述奉化郡（今浙江宁波）山川、地理、人物、风俗。前十一卷为郡志，分叙郡、叙山、叙水、叙产、叙赋、叙兵、叙人、叙祠、叙遗九门，第十二卷以下则为鄞奉化、慈溪、定海、昌国、象山各县志。
④ 緡：音 mín，指穿铜钱用的绳子。

3.《梦梁录》① 卷十七《历代人物·宗杲》

宗杲,字昙晦,姓奚。主径山学徒一千七百众,来者犹未已,建千僧阁以居之,号临济中兴。时与张九成为方外交②,后因诽谤朝政,谓张九成(缺),而宗杲和之。(缺)遂编海外,四方衲子忘躯皆往从之。续蒙宸恩放便,复僧伽梨,往阿育山,复居旧山。孝宗为普③安郡王,遣使入山谒之,以偈献之。后建邸,再遣内侍供五百应真,请谋法席。亲书"妙喜庵"三字,并制赞宠之。自后退居明月堂而示寂。孝宗闻而叹息,诏以明月堂为妙喜庵,谥号普觉禅师,赐塔额曰宝光。

此僧虽林下人,而义笃君亲。谈及时事,忧形于色而垂涕。其时,名公巨卿皆称其才。有《正法眼藏》等集。淳熙初,诏随《大藏》流行。盖杭之高僧散圣,弃儒成道,戒行精洁,学问孤高,博习教席,以训诸衲。著文翰④,修忏仪,诸经法,注宗镜,论心要,纂法语,睹鬼神以礼,问止朝水而击西兴,感群羊而跪听,坠大星以陨灵鹫,列朝宣讲慧号,锡倾至于入灭,瑞光显然。盖丛林中素有儒者之风,故与公卿大夫及学士气味相投,皆乐与之交,讲论道要,题辞咏诗,靡不起敬。以《大藏经》、《高僧传》、《钱塘胜迹记》、《临安新旧志》皆修其详矣,兹不复赘。

---

① 《梦梁录》,共二十卷,南宋吴自牧撰,吴自牧,钱塘人,生平不详。此书全用《东京梦华录》之体以纪南宋郊庙、宫殿,下至百工杂戏之事,周密武林旧事。牧是书之俚俗殆有甚于《梦华录》者,然其言得自见闻,颇为质实,典章文物于是可征,与武林旧事详略互见,实可资以稽考故事。
② 交:原本为"系"。
③ 普:原作"吴",据《宋史》卷三十三改。
④ 翰:原作"朝"。

4.《咸淳临安志》① 卷七十《宗杲》

宗杲，字昙晦，本姓奚。丞相张浚命主径山法席，学徒一千七百人，来者犹未已，敞千僧阁以居之，号临济中兴。

张九成与为方外交，秦桧疑其议己，言者论其诽谤朝政、动摇军情，九成唱之，宗杲和之。绍兴十一年五月，诏毁僧牒，编置衡州。二十二年，移梅②州。四方衲子忘躯命，往从之。二十五年，特恩许自便。明年，复僧伽梨，奉朝旨住阿育山。逾年，复居山。

孝宗皇帝为普③安郡王时，遣内都监入山谒，宗杲述偈以献。及在建邸，复遣内知客供五百应真，请宗杲说法。亲书妙喜庵三字，并制赞以宠之。三十一年，求解院事，得旨，退居明月堂。隆兴改元八月示寂，孝宗闻而叹息。诏以明月堂为妙喜庵，谥曰普觉，塔曰宝光。

宗杲尝曰："瞥起是病，不续是药，不怕念起，惟恐觉迟。佛者，觉也。为其常觉，故谓之大觉。然皆从凡夫中做出。彼既丈夫，我宁不尔？"其接引方便类此。

宗杲虽林下人，而义笃君亲。谈及时事，忧形于色，或至垂涕。时名公巨卿如李邴、汪藻、吕本中、曾开、李光、汪应辰、赵令衿、张孝祥、陈之茂皆委已咨叩，而张浚雅相推重。宗杲有《正法眼藏》三卷，又有《武库》若干卷，其徒纂《法语》，前后集三十卷，浚为序。淳熙初，诏随大藏流行。以

---

① 《咸淳临安志》：共九十三卷，宋末元初潜说友撰。潜说友，字君高，处州人，宋淳祐甲辰进士，初曲意附和奸相贾似道，故得进官。宋亡后，在福州降元，受其宣抚使之命。其人殊不足道，而其书则颇有条理。前十五卷记述宫禁曹司之事，自十六卷以下乃为府志，区画明晰，体例井然，可为都城记载之法。
② 梅：原文作"海"，据张浚《大慧普觉禅师塔铭》改。
③ 普：原文作"吴"，据《宋史》卷三十三改。

绍兴正论小传修。

5.《佛祖历代通载》① 卷二十《宗杲》

宗杲，宣州宁国奚氏子，幼警敏有英气。年十三，始入乡校。一日与同窗戏谑，以砚投之，误中先生帽，偿金而去。乃曰："读世书，曷若究出世法乎！"即诣东山惠云院出家。

先是元丰戊午，院塑释迦像，有异人丁生者，语寺僧曰："立像一纪，当生一导师，大兴宗教。若像有难，是人方来；像毁，则是人亦有难。"崇宁甲申，有盗穴像肠，取其所藏，师以是岁适至，事惠济为师，明年，落发受具。由是智辩自将凌跨流辈。

阅古《云门录》，恍若旧习。闻老宿绍珵久依天衣怀公②，亟往上谒，与闻雪窦奥旨。趋宝峰，湛堂准禅师见师风神爽迈，特加器重，使之执侍，指以入道捷径。师横机无所让，准诃之曰："汝未尝悟，病在意识，领解则为所知障。"时李彭商老参道于准，师适有语曰："道须神悟，妙在心空体之，不假于聪明得之，顿超于闻见。"李叹赏曰："何必读四库书然后为学哉！"因此为方外交。准将入灭，师问孰可依从，准以圆悟勤公语之。

已而重跰荆渚，谒无尽居士张公，请铭准塔。公道望倾天下，师登其门，承颜接辞，绰有余裕。公称誉之。为名庵曰妙

---

① 《佛祖历代通载》：共二十二卷，元释念常撰。念常，姓黄氏，号梅屋，华亭人。此书上起七佛，下迄元顺帝元统元年，皆编年记载。全书广载佛教史实，对历代皇室臣僚兴废佛教事迹及有关撰述文书，儒、道、佛之关联，佛僧译经、撰述及佛教之活动等，均有记述。

② 天衣怀公：即天衣义怀（989~1060）。义怀，北宋禅僧，永嘉乐清（今浙江乐清）人，俗姓陈，出家后随雪窦重显参禅。一日忽有所悟，偈曰："一二三四五六七，万仞峰头独足立。骊龙颔下夺明珠，一言勘破维摩诘。"重显印可。曾住持铁佛寺、越州天衣寺等，五迁法席，大振云门之风。

喜，字以杲晦。归宝峰，讫其事，复见无尽。从容问曰："居士谓我禅何如？"公曰："子禅逸格矣！"师曰："宗杲实未自肯在。"公曰："行见川勤可也。"

于是佩服其言，放浪襄汉。会大阳微禅师，密授曹洞宗旨。寻游东都。宣和六年，圆悟禅师被旨，都下天宁。师自庆曰："天赐我得见此老，不孤湛堂、张公指南之意。"遂造天宁，及聆其升堂法要，迥异平日所闻，即倾心依附。

阅四旬，圆悟举："僧问云门：'如何是诸佛出身处？'门云：'东山水上行。'若有人问天宁，只向道：'薰风自南来，殿阁生微凉。'"师于言下豁然顿悟。圆悟大喜，迁师择木堂，以古今差别因缘密加研练。一日，圆悟饭超然居士赵公，师预坐，忽忘举筋。圆悟顾师而语超然曰："是子参得黄杨木禅也。"师既为所激，乘间扣曰："闻和尚尝问五祖话，不知记其答否？"圆悟曰："向问：有句无句，如藤倚树作么生。五祖云：描也描不成，画也画不就。又问：树倒藤枯时如何？五祖云：相随来也。"师廓然脱去知见玄妙，圆悟深可之。使掌记室，著《临济正宗记》畀焉。分坐令接纳，由是以竹篦应机施设，电闪星飞，不容拟议，丛林浩然归重。右丞吕公舜徒奏赐佛日之号。

虏人犯顺，欲名僧十数北去，师为所挟。会天竺密三藏日与论义，密尤敬服。寻得自便，趋吴门虎丘。闻圆悟迁云居，欲往省觐，道金陵，待制韩公子苍与语，喜之。以书闻枢密徐公师川曰："顷见妙喜，辩惠出流辈，又能道诸公之事业，衮衮不倦，实僧中杞梓也。"抵云居，为众第一座。讥诃佛祖，辩抟无碍，圆悟亦让其雄。

会世扰攘，入云居之西，结庵于古云门寺基，因以为名。

阅二十年，辟地湖湘，转仰山，邂逅竹庵珪禅师①，相与还云门，著颂古百余篇。久之，游七闽，居海上洋屿。师闵诸方学者困于默照，作《辨邪正说》以救其弊。泉南给事江公创庵小溪，延请师居，缁素②笃于道者毕集。未半年，发明大事者③数十人。鼎需思岳、弥光道谦、遵璞悟本等皆在焉。

一日，参政李公汉老闻举庭柏话有省，师可之，及公疾革，作偈寄弥光，有"深将法力荷云门"之句。师平居绝无应世意，圆悟在蜀闻之，嘱丞相张公德远曰："杲首座不出，无可支临济法道者。"公寻还朝，适径山，虚席必欲致师，师幡然起赴。开法于临安府治，唱圆悟之道。说法竟，侍郎冯公济川问曰："师尝言不作这虫豸，今日为什么败阙？"师曰："尽大地是个杲上座，你作么生见？"公无语。及居径山，四方佳衲子靡然坌集，至一千七百。师无他约束，容其自律，发明己见，率常有之。上堂问答。具在本录。

时惠云院忘丁生之谶，毁释迦故像而新之，实绍兴辛酉夏五月也。师于是月坐与张厚善，著逢掖编置衡州。廖通直、李绎为结茅圃中。师既拘文，不与众俱，率令散处，花药开福伊山时容其受道。门庭益峻，乃裒先德机缘，间与拈提，离为三帙，目曰《正法眼藏》。前参政李公大发时居鐔津，翰林汪公彦章税驾零陵，数通书问道，当轴者滋不悦，移师梅州。其地荒僻瘴疠，药物不具，学徒百余赢粮从之，阅六稔，毙者过半，师以道处之怡然。由是居民向化，至绘师像，饮食必祀焉

---

① 竹庵珪禅师：即温州龙翔竹庵士珪禅师。士珪，成都人，俗姓史，师从佛眼清远。
② 缁素：又称缁白。"缁"为黑，即穿着黑衣之出家僧侣；"素"指白，指着白衣的在家人。缁素之意相当于"僧俗"或"道俗"。
③ 发明大事者：指参禅开悟者。

者有之。

乙亥冬，蒙恩北还。明年春，复僧伽黎。寻领朝命住明州育王山，逾年有旨改住径山，天下宿衲复集如初。

时上潜藩，雅闻师名，遣内都监诣山问佛法大意。师升堂有偈云："豁开顶门眼，照彻大千界；既为法中王，于法得自在。"仍作颂献曰："大根大器大力量，荷担大事不寻常；一毛头上通消息，遍界明明不覆藏。"上嘉美久之。建邸立，复遣内知客入山供养五百应真，请师说法，亲书"妙喜庵"大字，并制赞宠寄曰："生灭不灭，常住不住；圆觉空明，随物现处。"师升堂有偈曰："十方法界至人口，法界所有即其舌。只凭此口与舌头，祝吾君寿无间歇。亿万斯年注福源，如海滉漾永不竭。师子窟内产狻猊，鸑鷟定出丹山穴。为瑞为祥遍九垓，草木昆虫皆欢悦。稽首不可思议事，喻如众星拱明月。故今宣扬妙伽陀，第一义中真实说。"师春秋高，求解寺任。辛巳春，得旨退居院之明月堂。然宏法为人，老而不倦。上即位，特赐号大惠禅师。隆兴建元示寂前一夕，有星殒于院之西，流光赫然，有声如雷。师示微疾。八月九日，学徒问候，师勉以宏道，徐遣之曰："吾翌日始行。"至五鼓，亲书遗奏。侍僧固请留颂，为写四句，掷笔就寝，湛然而逝。寿七十有五，塔金身于堂之后。

淳祐间，晋陵尤焴，号贰卿，尝题大惠语："大惠说法，从横踔厉。如孙吴之用兵，而广阔弘深不可涯涘；如大海水，鱼龙饮者莫不取足。"今举平昔闻见二则：朱文公少年不乐读时文，因听一尊宿说禅直指本心，遂悟昭昭灵灵一著。十八岁请举，时从刘屏山。屏山意其必留心举业，暨搜其箧，只大惠语录一帙尔。次年登科，故公平生深知禅学骨髓，透脱关键，此上根利器于此取足者也。熴早得于潘子善丈云尔，因取语录读之，至老不敢释手。往在春陵，永嘉徐棘卿瑄亦贬是邦，未几，忽迁象台，忧愁涕泣。熴授以所携本，徐卿亟取读之，达旦不寐。次日，欣悦忘忧，与昨日复然二人也。遂携以去，手抄一本乃见还。后三年，徐没于贬所，临终殆同游戏，不疾沐浴而逝。此书之灵验如此，盖熴之亲睹也，云云。

6.《明高僧传》① 卷五《临安府径山沙门释宗杲传》

释宗杲，号大慧，因居妙喜庵，又称妙喜。产宣州奚氏，即云峰悦之后身也。灵根夙具，慧性生知。年方十二，即投慧云齐公。十七薙染。初游洞宗之门，洞宗耆宿因师词锋之锐，乃燃臂香授其心印，师不自肯，弃去。依湛堂准，久之不契。湛堂因卧疾，俾见圆悟。悟居蜀昭觉，师踟蹰未进。

一日，闻诏迁悟住汴天宁，喜曰："天赐此老与我也。"遂先日至天宁迎悟，且自计曰："当终九夏，若同诸方，妄以我为是者，我著《无禅论》去也。"值悟开堂，举："僧问云门：'如何是诸佛出身处？'门曰：'东山水上行。'"悟曰："天宁即不然，只向他道：'薰风自南来，殿阁生微凉。'"师闻，忽前后际断。悟曰："也不易，尔到这田地，但可惜死了不能活。不疑言句是为大病，岂不见道：'悬崖撒手，自肯承当；绝后再苏，欺君不得。'须要信有这些道理。"于是令居择木堂，为不厘务侍者，日同仕夫不时入室。

一日，悟与客饭次，师不觉举筯，饭皆不入口。悟笑曰："这汉参黄杨木禅到缩了也。"师曰："如狗舐热油铛。"后闻

---

① 《明高僧传》：亦称《大明高僧传》，明如惺撰，全书共八卷（《龙藏》为六卷），明万历四十五年（1617）成书。此书只为南宋至明万历间部分僧人立传，似是一部尚未完成的著作。全书分译经、解义、习禅三科，共正传一百一十二人，附见六十九人。

悟室中问僧有句无句、如藤倚树话，师遂问曰："闻和尚当时在五祖曾问此话，不知五祖道甚么？"悟笑而不答。师曰："和尚当时既对众问，今说何妨？"悟不得已，曰："我问五祖：'有句无句、如藤倚树，意旨如何'？祖曰：'描也描不成，画也画不就。'又问：'树倒藤枯时如何？'祖曰：'相随来也。'"师当下释然大悟，曰："我会也。"悟历举数段因缘诘之，皆酬对无滞。悟喜，谓之曰："始知吾不汝欺也。"乃著《临济正宗记》付之，俾掌记室。未几，圆悟返蜀。师因韬晦结庵以居。后度夏虎丘，阅《华严》至"第七地菩萨得无生法忍"处，忽洞明湛堂所示殃崛摩罗持钵救产妇因缘。

宋绍兴七年，诏住双径。一日，圆悟讣音至，师自撰文致祭。即晚小参，举："僧问长沙：'南泉迁化，向甚处去？'沙曰：'东村作驴，西村作马。'僧曰：'意旨如何？'沙曰：'要骑便骑，要下便下。'若是径山，即不然。若有僧问：'圆悟先师迁化，向甚处去？'向他道：'堕大阿鼻地狱①。''意旨如何？'曰：'饥餐洋铜，渴饮铁汁。''还有人救得也无？'曰：'无人救得。'曰：'如何救不得？'曰：'是此老寻常茶饭。'"

十一年五月，秦桧以师为张九成党，毁其衣牒，窜衡州。二十六年十月，诏移梅阳。不久，复其形服，放还。十一月，诏住阿育王。二十八年，降旨令师再住径山，大弘圆悟宗旨。

辛巳春，退居明月堂。一夕，众见一星殒于寺西，流光赫然。寻示微疾。八月九日，谓众曰："吾翌日始行。"是夕五鼓，手书遗表，并嘱后事。有僧了贤请偈，师乃大书曰："生

---

① 大阿鼻地狱：又称无间地狱，为八热地狱之一，是受苦无间断的地方，也是造极重罪的人死后所堕落的地方。阿鼻，意为无间。

也袛么,死也袛么;有偈无偈,是甚么热。"委然而逝。世寿七十有五,坐五十八夏,谥曰普觉,塔名宝光。

二、《大慧普觉禅师塔铭》①

隆兴②元年八月十八日,大慧禅师宗杲示寂于径山明月堂。皇帝闻之嗟惜,诏以明月堂为妙喜庵,赐谥普觉,塔曰宝光,用宠赍之。其徒以师全身葬于庵之后,使了贤来请铭。

先是上为普安郡王时,闻师名,尝遣内都监至径山谒师。师作偈以献上,上甚嘉之。及在建邸,复遣内知客请师山中为众说法,亲书"妙喜庵"大字,及制真赞寄师。又二年,而上即位,始赐号大慧禅师。明年,复取向所赐宸翰,以御宝识之。恩宠加厚,而师亡矣。仰惟主上神圣英武,资不世出,而惠顾一方外之士如此!盖师于释氏所谓卓然杰出于当世者,忠诚感格,得之天理,是以上动宸心,眷知特异。吁其盛哉!

自昔圣贤以传心为学,诚明合体,变化兴焉。西方之教,指心空为解脱究竟,盖得一而不见诸用。而悟入要处,或几于尽性者所为,后世三宗并行。临济正传,号为得人,超出声尘,不立一法。根源直截,以证为极。焜耀震动,卷舒无碍。如师子儿,游戏自在,获大无畏。此固不可以智知识识也。

临济六传至杨岐,杨岐再世而圆悟禅师克勤,得法于五祖演。被遇两朝,其道盖盛行矣。师实嗣圆悟,益光明焉。师讳宗杲,宣州宁国人,姓奚氏。年十七为浮图,不欲居乡里从经论师,即出行四方。始从曹洞诸老宿游,既得其说,叹曰:

---

① 此塔铭原附于《大慧普觉禅师语录》卷六之后。底本附有"少师保信军节度使充醴泉观使魏国公张浚撰"等字。
② 隆兴:南宋孝宗年号之一。

"是果佛祖意耶？"去之，谒准湛堂。准①识师眉睫间，久谓之曰："子谈说皆通畅，特未可以敌生死。吾今疾，他日见川勤，当能办子事。勤即圆悟师也。"湛堂死，师谒丞相张公无尽②，求准塔铭。无尽门庭高于天下，士亦少许可。见师一言而契，即下榻朝夕与语。名其庵曰妙喜，字之曰昙晦，且谓："子必见圆悟师，吾助子往。"遂津致行李，来京师，见勤于天宁。一日，勤升堂，师豁然神悟。以语勤，勤曰："未也，子虽有得矣，而大法故未明。"又一日，勤举演和尚有句无句语，师言下得大安乐法。勤拊掌曰："始知吾不汝欺耶？"自是纵横踔厉，无所疑于心。大肆其说如苏张③之雄辩、孙吴④之用兵，如建瓴水、转圆石于千仞之阪。诸老敛衽，莫当其锋。于时贤士大夫往往争与之游。雅为右丞吕公舜徒⑤所重，奏赐紫衣、号佛日大师。

会女真之变，其酋欲取禅僧十辈，师在选中，已而得免，盖若有相之者。渡江而南，圆悟方主云居席，命师居第一座，为众授道，誉望蔚然。已而去，入云居山，居古云门，学者云集。复避乱走湖南，转江右入闽，筑庵长乐洋屿。时从之者才五十有三人，未五十日，得法者十三辈。前此盖未始有也，后皆角立。始应给事江公少明之请，住小溪云门庵。而浚在蜀时，勤亲以师嘱，谓真得法髓。浚造朝，遂以临安径山延之。道法之盛，冠于一时。百舍重趼往赴，惟恐后拜其门、惟恐不

---

① 准：指湛堂文准。
② 张公无尽：指张商英。张商英，字天觉，蜀州新津（今四川新津县）人，徽宗大观四年入相。
③ 苏张：苏秦、张仪。
④ 孙吴：孙武、吴起。
⑤ 吕公舜徒：即吕好问。参见《宋史》卷三百六十二。

得见。至无所容,敞千僧大阁以居之,凡二千余众。

所交皆俊艾,当时名卿,如侍郎张公子韶①为莫逆友,而师亦竟以此遇祸②。盖当轴者恐其议己,恶之也。毁衣焚牒,屏居衡州凡十年。徙梅州,梅州瘴疠寂寞之地,其徒裹粮从之,虽死不悔。噫!是非有以真服其心而然耶?

又五年,太上皇帝特恩放还。明年,复僧服。四方虚席以邀,率不就,最后以朝命住育王。聚众多,食或不继,筑涂田凡数千顷,诏赐其庄名般若。又二年,移径山。师之再住此山,道俗歆慕,如见其所亲。虽老,接引后进不少倦。居明月堂,凡一年。以终将示寂,亲书遗奏,及寄声别右相汤公。又贻书于浚。了贤请偈,复取笔大书不少乱。师虽为方外士,而义笃君亲。每及时事,爱君忧时,见之词气,其论甚正确。

晚自径山来秣陵见浚,垂涕言,先人不幸无后,某之责,家贫何所仰愿,乞一给使名藉公重,庶有肯就者。浚为恻然兴叹。遂奏其族弟道源,奉师亲后。既退居明月堂,冒暑走其乡,上冢茸治,所存盖如此。使为吾儒,岂不为名士?而其学佛亦卓然自立于当世,非豪杰丈夫哉?卒被光宠,表之无穷。诚有以自致也。所赐御书,建阁藏于妙喜庵,与兹山不磨矣。

师寿七十有五,坐夏五十八年,僧俗从师得法悟彻者,不啻数十人,皆有闻于时。鼎需、思岳、弥光、悟本、守净、道谦、遵璞、祖元、冲密,先师而卒。我秦国太夫人亦尝于师问道焉。呜呼!我识师之早,此心默契,未言先同。从容酬接,达旦不倦。人间至乐,孰与等拟?盖惜其沦没山林,惠利之不

---

① 张公子韶:指张九成。
② 绍兴十一年,主战派大臣张九成随宗杲习禅,二人议及岳飞事,触怒秦桧,宗杲被褫夺衣牒,流放衡州。绍兴二十年,又贬迁至梅州。

博加于人也。然而以道观之，安可以隐显去来，索师于形骸之内哉！我实知师，宜为之铭。铭曰：

死生为一，非想非说。证彻了悟，一息千劫。
嗟师何为，拳拳忠孝。欲迪群迷，俾趋正教。
嘻笑怒骂，佛事炽然。情生智隔，疑谤与焉。
天目巍巍，终古莫移。师号道德，此山与齐。

三、轶事

1.《渭南文集》① 卷二十五《书浮屠事》

浮屠师宗杲，宛陵人。法一，汴人，相与为友资，皆豪杰，负气好游，出入市里自若，已乃折节。同师蜀僧克勤，相与磨砻浸灌，至忘寝食。遇中原乱，同舟下汴，杲数视其笠，一怪之。伺杲起去，亟视笠中，果有一金钗，取投水中。杲还，亡金，色颇动。一叱之曰："吾期汝了生死，乃为一金动邪？吾已投之水矣。"杲起，整衣作礼曰："兄真宗杲师也。"交益密。于虖世多诋浮屠者，然今之士有如一之能规其友者乎？藉有之，有如杲之能受者乎？公卿贵人谋进退于其客，客之贤者不敢对。其不肖者，则劝之进。公卿亦以适中其意而喜，谋于子弟亦然。一旦既祸，其客其子弟则曰："使吾公早退，可不至是。"而公卿亦叹曰："向有一人劝吾退，岂至是哉？"然亦晚矣。

---

① 《渭南文集》：共五十卷，宋陆游撰。游，字务观，山阴人，官至华文阁待制，著名诗人。《渭南文集》第一卷至四十一卷为各体裁古文，第四十二卷为天彭牡丹谱、风俗记、致语，四十三卷至四十八卷为入蜀记，四十九卷至五十卷为词。

2.《宾退录》① 卷四《开禧丙寅》

开禧丙寅,眉州重修图经,号江乡志末卷杂记门云:佛日大师宗杲,每住名山,七月遇苏文忠忌日,必集其徒修供以荐。尝谓张子韶侍郎曰:"老僧东坡后身。"张曰:"师笔端有大辨才,非老先生而何?"乡僧可升在径山为侍者,亲闻此语。今按杲年谱,盖生于元祐四年己巳,而东坡卒于建中靖国元年辛巳,此时杲已十三岁矣。杲平生尊敬东坡,忌日修供或有之,必无后身之说,可升之妄也。

四、评论

1.《鹤林玉露》② 卷七《宗杲论禅》

宗杲论禅云:"譬如人载一车兵器,弄了一件,又取出一件来弄,便不是杀人手段,我则只有寸铁便可杀人。"朱文公亦喜其说。盖自吾儒言之,若子贡之多闻,弄一车兵器者也,曾子之守约,寸铁杀人者也。

2.《王著作集》③ 卷八《宗杲祭中书舍人吕公》

宗杲祭中书舍人吕公文曰:"深期造道,游戏大千。"先生曰释氏,只将此理来游戏,更无用处。吾儒则欲游泳此理,既见了不,便休了也。颜子闻天下归仁,又问克己之目,请事斯语,所以游泳此理也。中庸苟不至德,至道不凝焉。礼仪三

---

① 《宾退录》:共十卷,宋赵与旹撰。赵与旹,宋太祖七世孙,后世评者认为,其书中"论诗多涉迂谬,至于考证经史、辨析典故,则精核者十之六七,可为《梦溪笔谈》、《容斋随笔》之续"。

② 《鹤林玉露》:计十六卷,宋罗大经撰。罗大经,字景纶,庐陵人,事迹无考。其书体例在诗话语录之间,详于议论而略于考证。所引多朱子、张栻、真德秀、魏了翁、杨万里语,而又兼推陆九渊,极称欧阳修、苏轼之文。

③ 《王著作集》:八卷,明王观编辑其远祖宋王苹遗文,及他人荐札、像赞、题跋之属。王苹,字信伯,累官左朝奉郎。秦桧恶之,会其族子坐法,强牵连以致夺官。

百,威仪三千,亦游泳此理也。志于道,据于德,依于仁,游于艺,游是游泳之游。既依于仁,又游泳此理于六艺之中,如无故不去,琴瑟皆游于艺之谓也。

3.《困知记续录》① 卷上

大慧禅师宗杲者,当宋南渡初,为禅林之冠。有语录三十卷,顷尝遍阅之,直是会说,说左来右去,神出鬼没,所以能耸动一世。渠尝拈出一段说话,正余所欲辨者,今具于左。

僧问忠国师:"古德云:'青青翠竹,尽是法身;郁郁黄华,无非般若。'有人不许,云是邪说;亦有信者,云不思议。不知若为?"国师曰:"此是普贤文殊境界,非诸凡小而能信受,皆与大乘了义经合,故《华严经》云:'佛身充满于法界,普现一切群生前;随缘赴感靡不周,而恒处此菩提座。'翠竹既不出于法界,岂非法身乎?又,《般若经》云:'色无边故,般若亦无边。'黄华既不越于色,岂非般若乎?"深远之言,不省者难为措意。又,华严座主问大珠和尚云:"禅师何故不许'青青翠竹,尽是法身;郁郁黄华,无非般若'?"珠曰:"法身无像,应翠竹以成形;般若无知,对黄华而显相。非被黄华翠竹而有般若法身,故经云:'佛真法身,犹若虚空,应物现形,如水中月。'黄华若是般若,般若即同无情;翠竹若是法身,翠竹还能应用。座主怎么?"曰:"不了此意。"珠曰:"若见性人,道是亦得,道不是亦得,随用而说,不滞是非;

---

① 《困知记续录》:共二卷,明罗钦顺撰。罗钦顺,字允升,号整庵,泰和人,弘治癸丑一甲第三人及第,官至南京吏部尚书。钦顺潜心理学,深有得于性命理气之微旨,晚年乃述为是编,以发明之。此书成于嘉靖辛卯,凡一百一十三章。钦顺自称初官京师,与一老僧论佛,漫举禅语为答,意其必有所得。为之精思达旦,恍然而悟。既而官南雍,取圣贤之书潜玩,久之渐觉,就实始知所见者乃此心虚灵之妙,而非性之理。自此痛辟佛教。高攀龙尝称,自唐以来,排斥佛氏未有若是之明且悉者。

若不见性人，说翠竹著翠竹，说黄华著黄华，说法身滞法身，说般若不识般若。所以皆成诤论。"

宗杲云："国师主张翠竹是法身，直主张到底；大珠破翠竹不是法身，直破到底。老汉将一个主张底、一个破底，收作一处，更无拈提，不敢动著他一丝毫，要你学者具眼。"

余于前记尝举翠竹黄华二语，以为与鸢飞鱼跃之言绝相似，只是不同。欲吾人识其所以不同处，盖引而未发之意。今偶为此异同之论所激，有不容不尽其言者矣。据慧忠分析语与大珠成形显相二言，便是古德立言本旨。大珠所以不许之意，但以黄华翠竹非有般若法身尔。其曰道是亦得，即前成形显相二言；曰道不是亦得，即后非彼有般若法身一言也。慧忠所引经语与大珠所引经语皆合，直是明白，更无余蕴，然则其与吾儒鸢飞鱼跃之义所以不同者，果何在邪？诚以鸢鱼虽微，其性同一天命也；飞跃虽殊，其道同一率性也。彼所谓般若法身在花竹之身之外，吾所谓天命率性在鸢鱼之身之内。在内则是一物，在外便成二物。二则二本，一则一本，讵可同年而语哉！且天命之性不独鸢鱼有之，花竹亦有之。程子所谓一草一木亦皆有理，不可不察者，正惟有见乎此也。佛氏祇缘认知觉为性，所以于花竹上便通不去，只得以为法界中所现之物尔。《楞伽》以四大种色为虚空所持，《楞严》以山河大地咸是妙明真心中物，其义亦犹是也。

宗杲于两家之说更不拈动，总是占便宜，却要学者具眼，殊不失为人之意。余也向虽引而不发，今则舍矢如破矣。吾党之士夫，岂无具眼者乎？

宗杲尝谓士人郑尚明曰："你只今这听法说法一段历历孤明底，未生已前毕竟在甚么处？"曰："不知。"杲曰："你若不知，便是生大。你百岁后，四大五蕴一时解散，到这里历历孤明底，却向甚么处去？"曰："也不知。"杲曰："你既不知，便是死大。"又尝示吕机宜云："现今历历孤明，与人分是非别好丑底，决定是有是无？是真实是虚妄？"前此临济亦尝语其徒曰："四大身不解说法听法，虚空不解说法听法，是汝目前历历孤明勿形段者，解说法听法。"

观此数节，则佛氏之所谓性，亦何难见之有？渠道理只是如此，本不须苦求解悟。然而必以悟为则者，只是要见得此历历孤明境界更亲切尔。纵使见得亲切，夫安知历历孤明者之非性、而性自有真邪？

杲答曾天游侍郎第二书说得他家道理直是明尽，渠最善捏怪，却有此等说话，又不失为本分人也。书云："寻常计较安排底是识情，随生死迁流底亦是识情，怕怖慞惶底亦是识情。而今参学之人不知是病，只管在里许，头出头没，教中所谓随识而不随智，以故昧却本地风光、本来面目。若或一时放下，百不思量计较，忽然失脚蹋著鼻孔，即此识情便是真空妙智，更无别智可得。若别有所得、有所证，则又却不是也。如入迷时，唤东作西，及至悟时，即西便是东，无别有东。此真空妙智，与太虚空齐寿。只这太虚空中，还有一物碍得他否？虽不受一物碍，而不妨诸物于空中往来，此真空妙智亦然。凡圣垢染，著一点不得。虽著不得，而不碍生死凡圣于中往来。如此信得及、见得彻，方是个出生入死得大自在底汉。"细观此书，佛氏之所谓性，无余蕴矣。忽然失脚蹋著鼻孔，便是顿悟之说。

杲示真如道人有云："今生虽未悟，亦种得般若种子在性地上，世世不落恶趣，生生不失人身，不生邪见家，不入魔军类。"又答吕舍人书有云:"若依此做工夫,虽不悟彻,亦能分别邪正,不为邪魔所障,亦种得般若种子深。纵今生不了,来生出头,现成受用。亦不费力,亦不被恶念夺将去,临命终时,亦能转业,况一念相应邪?"又答汤丞相书有云:"若存心在上面,纵今生未了,亦种得种子深。临命终时,亦不被恶业所牵,堕诸恶趣。换却壳漏子,转头来亦昧我底不得。"此等说话,只是诱人信向,岂可为凭?人情大抵多贪,都不曾见个道理,贪今生受用未了,又要贪来生受用,安得不为其所惑也?《易》曰:"原始反终。"故知死生之说、生死轮回,决无此理。万有一焉,只是妖妄。为学而不能无疑,于此则亦何以穷理为哉。

杲答吕舍人书有云:"心无所之,老鼠入牛角,便见倒断也。"倒断即是悟处。心无所之,是做工夫处。其做工夫,只看话头。便是如"狗子无佛性"、"锯解秤锤"、"柏树子"、"竹篦子"、"麻三斤"、"干屎橛"之类,皆所谓话头也。余于柏树子话,偶尝验过,是以知之。然向者一悟之后,佛家书但过目便迎刃而解,若吾圣贤之微词奥旨,竟不能通。后来用工久之,始知其所以然者,盖佛氏以知觉为性,所以一悟便见得个虚空境界。《证道歌》所谓"了了见无一物,亦无人亦无佛"是也。渠千言万语,只是说这个境界,悟者安有不省?若吾儒之所谓性,乃帝降之,至精之理,细入于丝毫,秒忽无一非,实与彼虚空境界判然不同,所以决无顿悟之理。世有学禅而未至者,略见些光影,便要将两家之说和合而为一,弥缝虽巧,败阙处不可胜言。弄得来儒不儒、佛不佛,心劳日拙,毕竟何益之有?

梁武帝问达磨曰:"朕即位以来,造寺、写经、度僧不可胜纪，有何功德？"答曰："并无功德。"帝曰："何以无功德？"答曰："此但人天小果，有漏之因，如影随形，虽有非实。"又宗杲答曾侍郎书有云："今时学道之士，只求速效，不知错了也。却谓无事省缘、静坐体究为空过时光，不如看几卷经、念几声佛，佛前多礼几拜，忏悔平生所作罪过，要免阎家老子手中铁棒，此是愚人所为。"

呜呼！自佛法入中国，所谓造寺写经、供佛饭僧、看经念佛，种种糜费之事日新而月盛。但其力稍可为者，靡不争先为之导之者，固其徒向非人心之贪，则其说亦无缘而入也。奈何世之谄佛以求福利者，其贪心惑志，缠绵固结而不可解。虽以吾儒正色，昌言恳切，详尽一切，闻如不闻。彼盖以吾儒未谙佛教所言，无足信也。达磨在西域称二十八祖，入中国则为禅家初祖。宗杲擅名一代，为禅林之冠。所以保护佛法者，皆无所不用其心，其不肯失言决矣。乃至如上所云种种造作以为无益者，前后如出一口。此又不足信邪。且夫贪嗔痴三者，乃佛氏之所深戒也，谓之三毒。凡世之造寺写经、供佛饭僧、看经念佛，以为有益而为之，是贪也；不知其无益而为之，是痴也。三毒而犯其二，虽活佛在世，亦不能为之解脱。乃欲谄事土佛木佛，以侥幸于万一，非天下之至愚至愚者乎？凡吾儒解惑之言，不可胜述。孰意佛书中乃有此等本分说话，人心天理诚有不可得而泯灭者矣。余是用表而出之，有丹霞烧木佛一事，亦可以解愚夫之惑。

儒书有五行，佛家便言四大；儒书有五事，佛家则言六根。其蹈袭邪？抑偶同邪？是不可得而知也。然名物虽相似，其义理则相辽绝矣。四大有风而无金木，《楞严》又从而附益之，揣摩凑合，都无义理，只被他妆点得好，故足以惑人。朱子尝言："佛书中惟《楞严》最巧，颇疑房融窜入其说。"看来此事灼然无足疑者。且如《楞伽》四卷，达磨最所尊信。其言大抵质实而近乎拙，有若欲尽其意而未能者，佛一人尔，人一口尔。以二经较之，不应其言之工拙顿异如此，此本无足深辨，但既攻其失，则亦不可不知。又以见佛学溺人之深，有如是之才而甘心为之役，殊可叹也。昔有儒生悟禅者，尝作一颂云："断除烦恼重增病，趣向真如亦是邪；随顺世缘无罣碍，涅槃生死是空华。"宗杲取之。尝见杲示人有水上葫芦一言，凡屡出此颂第三句，即水上葫芦之谓也。佛家道理真是如此。《论语》有云："君子之于天下也，无适也，无莫也，义之与比。"使吾夫子当时若欠却义之与比一语，则所谓无适无莫者，何以异于水上葫芦也哉。

附编二

大慧宗杲"看话禅"略析

一、"即心是佛、无心是道"的理论基础

就大慧宗杲禅学思想基础而言,乃是由六祖慧能开始,经洪州禅、临济禅进一步弘扬的"即心是佛、无心是道"的一贯主旨。

大慧宗杲认为,修行佛道首先必须"具正信、立正志,此乃成佛作祖基本也"。信什么?"直下信此心决定本来成佛"①,也就是坚信一切众生的本心就是佛,即心是佛,不假外求,在任何情况下不动摇。他反复强调说:"即心是佛,更无别佛;即佛是心,更无别心。"②"汝宝藏一切具足,更无欠少,使用自在,何假外求?"③"此心本来成佛,究竟自在,如实安乐,种种妙用亦不从外来,为本自具足故。"④

宗杲把众生的本心与佛的关系比喻为水与波、拳与掌的关系,"如拳作掌,似水成波,波即是水,掌即是拳"。离拳无掌,离掌无拳,离水无波,离波无水,因此心与佛一体不二,不是两体。因此,所谓"成佛"就是坚信和体悟自心即佛。"迷自心故,作众生;悟自心故,成佛。而众生即佛,佛即众

---

① 《大慧宗杲法语·示无相居士》。
② 《大慧普觉禅师语录》卷三。
③ 《大慧宗杲法语·示妙明居士》。
④ 《大慧普觉禅师书·答陈少卿季任第一书》。

生,由迷悟故,有彼此也。""悟心之人,如实知自心究竟本来成佛,如实自在,如实安乐,如实解脱,如实清净。"①

如何体悟自心呢?宗杲的回答是"无心是道"。他说:"即心是佛,佛不远人;无心是道,道非物外。三世诸佛,只以此心说法,只以此道度生。"②

何谓"无心"?宗杲解释说:"所谓无心者,非如土木瓦石,顽然无知。谓触境随缘,心定不动,不取著诸法,一切处荡然。无障无碍,无所染污,亦不住在无染污处。观身观心,如梦如幻,亦不住在梦幻虚无之境。到得如此境界,方始谓之真无心。"③

由此可见,宗杲所指的"无心",并非土木石头那样无意识,它是在主体意识澄明的前提下,知万法如梦如幻,从而对内外境相无执著、无驰求、不动心的心理状态。可以说,宗杲所说的"无心"就是"无"的智慧,宗杲称为"真空妙智"。截断一切识情,"生死路头亦断,凡圣路头亦断,计较思量亦断,是非得失亦断"④,当下就是"真空妙智",就是"妙悟",就是诸佛境界,就是解脱。"心不驰求、不妄想、不缘诸境,即此火宅尘劳便是解脱出三界处。"⑤

二、对"知解"禅和"默照"禅的激烈批评

大慧宗杲基于无心空慧为妙悟,对当时禅界流行的各种禅法提出了批评。他说:

近年以来,禅有多途。或以一问一答,末后多一句为

---

① 《大慧普觉禅师书·答陈少卿季任第一书》。
② 《大慧普觉禅师语录》卷二。
③ 《大慧宗杲法语·示清净居士》。
④ 《大慧普觉禅师书·答曾侍郎天游第二书》。
⑤ 《大慧宗杲法语·示真如道人》。

禅者。或以古人入道因缘，聚头商榷云，"这里是虚，那里是实。这语玄，那语妙"，或代或别为禅者。或以眼见耳闻，和会在三界唯心、万法唯识上为禅者。或以无言无说，坐在黑山下鬼窟里，闭眉合眼，谓之威音王那畔父母未生时消息，亦谓之默而常照为禅者。如此等辈，不求妙悟，以悟为落在第二头，以悟为诳呼人，以悟为建立。自既不曾悟，亦不信有悟底。①

这里，前三禅者主要指对禅师机缘语句的含义进行分析、推测、揣摩、知解的参禅方法。这种方法的突出表现，一是"代、别"。禅师上堂垂示或举古代禅师机缘语句，令学人下语，若学人所言不契，则由禅师代替下语，称为"代语"；在二人对话中，第三者代为下语，称为"别语"。二是评颂"公案"。禅宗将先前禅师的言行记录加以编辑整理，作为参禅悟道的案例，称为"公案"。相传汾阳善昭（947~1024）集古德言行记录一百条，对每条加上自己的偈颂，成"百则颂古"，为编集"公案"之始。继之，雪窦重显（980~1052）亦作《百则颂古》。其后，圆悟克勤（1063~1135）以重显《颂古百则》为基础，再加上"垂示"、"著语"、"评唱"，成《碧岩集》，使公案评颂更加繁复。

宗杲认为，禅师的垂示言教、古则公案，都是"接引之辞"、"应病与药"，"不可依语生解"，于语言文字中求玄妙。"入道因缘当见月亡指，且不得泥在言语中。若于语上寻玄妙，

---

① 《大慧普觉禅师书·答张舍人状元安国》。

言中求奇特，如此做功夫，则失方便矣"①。他引用黄檗希运的话说："我此禅宗，从上相承以来，不曾教人求知求解。"他批评那种热衷于语言文字中求玄妙知解的做法，不仅不能"妙悟"，反而使人堕入云里雾里，愈求"知解"，离佛道愈远。他说："将古人垂示言教，胡乱穿凿。如马大师遇南岳和尚说法云：'譬牛驾车，车若不行，打车即是，打牛即是？'这几句语言，诸方多少说法，如雷如霆、如云如雨底理会不得。""此则是离波求水、离器求金，求之愈远矣。"② 又说："于古人言句上只管如叠塔子相似，一层了又一层，枉用工夫，无有了期。"③ 总之，在宗杲看来，于语言文字中求玄妙知解，一是使人生思量分别心、向外驰求心；二是难免"胡乱穿凿"，臆测古德真意。据说宗杲担心其师克勤的《碧岩录》流行会使禅宗走向沉溺于语言文字中求玄妙知解的歧途，决然将《碧岩录》刻板焚毁。

与从文字中寻求知解的禅法完全相反的，是"无言无说"、"默而常照"的默照禅。默照禅以南宋初曹洞宗禅师宏智正觉为代表，倡导摄心静坐、内息攀缘，从而使内心澄寂的禅法。宏智正觉自述默照禅云："心本绝缘，法本无说……但直下排洗妄念尘垢，尘垢若净，廓然莹明……唯默默自知，灵灵独耀，与圣无异。"④ 大慧宗杲对此多次进行猛烈抨击，斥其为"外道"、"邪师"、"邪禅"。

宗杲在《答曹太尉功显》书信中说：

---

① 《大慧宗杲法语·示永宁郡夫人》。
② 《大慧普觉禅师书·答江给事少明》。
③ 《大慧普觉禅师书·答曾侍郎天游第三书》。
④ 《宏智正觉禅师广录》卷六。

近年丛林有一种邪禅，以闭目藏睛、觜卢都地作妄想，谓之不思议事，亦谓之威音那畔空劫已前事。才开口，便唤作落今时，亦谓之根本上事，亦谓之净极光通达。以悟为落在第二头，以悟为枝叶边事。盖渠初发步时便错了，亦不知是错，以悟为建立。既自无悟门，亦不信有悟者。这般底谓之谤大般若、断佛慧命。

在《答曾侍郎天游第三书》中说：

今时有一种剃头外道，自眼不明，只管教人死獦狚地休去歇去。若如此休歇，到千佛出世也休歇不得，转使心头迷闷耳。又教人随缘管带，忘情默照，照来照去，带来带去，转加迷闷，无有了期。殊失祖师方便，错指示人，教人一向虚生浪死，更教人是事莫管，但只恁么歇去，歇得来情念不生。到恁么时，不是冥然无知，直是惺惺历历。这般底，更是毒害，瞎却人眼，不是小事。

在《答陈少卿季任第一书》中说：

近年以来，有一种邪师，说默照禅，教人十二时中，是事莫管，休去歇去，不得做声。恐落今时。往往士大夫为聪明利根所使者，多是厌恶闹处。乍被邪师辈指令静坐，却见省力，便以为是，更不求妙悟，只以默然为极则。某不惜口业，力救此弊。

所谓修行恐落断常坑，其断见者，断灭自心本妙明性，一向心外著空、滞禅寂。常见者，不悟一切法空，执著世间诸有为法，以为究竟也。邪师辈教士大夫摄心静坐，事事莫管，休去歇去。岂不是将心休心、将心歇心、将心用心？若如此修行，如何不落外道、二乘禅寂断见境界？如何显得自心明妙受用、究竟安乐、如实清净、解脱变化之妙？

宗杲对默照禅弊端的反复批评归纳起来有两点：一是认为，一味"摄心静坐"、"不求妙悟"，泯灭了自己的"妙明"本心，使人像"土木瓦石"一样"冥然无知"，这和外道禅、二乘禅的寂灭断见境界没有区别，岂不是否定了大乘佛教的般若智慧，断佛慧命！二是认为，默照禅教人"事事莫管"，使修禅和现实生活脱节，让士大夫放弃"齐家治国平天下"建功立业的社会责任和义务，"虚生浪死"，虚度一生，这与自慧能以来南宗禅倡导的"佛法在世间，不离世间觉，离世求菩提，恰如觅兔角"的积极入世精神相悖。因此，"今时邪师辈，多以默照静坐为究竟法，疑误后昆。山野不怕结怨，力诋之，以报佛恩，救末法之弊也"①。

宗杲对默照禅的猛烈抨击，在一定程度上出自于维护临济宗的立场，同曹洞宗争夺信众的需要。因此对默照禅的抨击有所偏颇，因为默照禅并非如土木瓦石毫无知觉，而是"默默自知，灵灵独耀"，但确实也看出了默照禅沉溺于"摄心静坐"可能导致的流弊和社会危害。

要指出的是，宗杲猛烈抨击以宏智正觉为代表的默照禅，但并不完全否定坐禅。他认为源自达摩大师"外息诸缘、内心无喘"的禅法，"可以入道，是方便门"，但"借方便门入道

---

① 《大慧普觉禅师书·答陈少卿季任第二书》。

则可,守方便而不舍则为病"①。把坐禅当作入道的方便手段是可以的,但是如果把坐禅当作参禅的全部和究竟目的就是错误的。

三、"看话头"的参禅方法

所谓的看话头,简单地说,是从古代禅师典型的机缘语句(古则公案)中抽出令人费解的词语如"无"、"麻三斤"等,专心致志地参究,由此扫荡一切情识、知解,达到"无心"妙悟的目的。

看话头作为参禅悟道的一种方法并不是宗杲的首创。如唐代黄檗希运（？~850）以"无心者,无一切心也"、"但能无心,便是究竟"为参禅宗旨,以看赵州的"无"字为实现这一宗旨的方法之一。他说:"若是个丈夫汉,看个公案。'僧问赵州:狗子还有佛性也无?州云:无。'但去二六时中,看个'无'字,昼参夜参,行住坐卧,著衣吃饭处,屙屎放尿处,心心相顾,猛著精彩,守个'无'字。日久月深,打成一片,忽然心花顿发,悟佛祖之机。"② 北宋的五祖法演（？~1104）也要学人看"无"字话头,并有所发挥。法演上堂,"举僧问赵州:'狗子还有佛性也无?'州云:'无。'僧云:'一切众生皆有佛性,狗子为什么却无?'州云:'为伊有业识在。'师云:'大众,你诸人寻常作么生会?'老僧寻常只举'无'字便休。你若透得这一个字,天下人不奈你何。你诸人作么生透?还有透得彻底么?有则出来道看!我也不要你道有,也不要你道

---

① 《大慧普觉禅师书·答曾侍郎天游第五书》。
② 《黄檗希运禅师宛陵录》。

无,也不要你道不有不无。你作么生道?"① 在法演看来,看话头不是推究话头的意义,不是为了寻求狗子有没有佛性这个问题的答案,而只是把话头当作排除一切情识、知解的工具。

但是,在黄檗希运和五祖法演那里,看话头只是参禅悟道的方便方法之一,而大慧宗杲则把看话头作为参禅悟道的根本方法极力加以提倡,并且进一步丰富完善了看话头的内容和方法。

(一) 参活句,莫参死句

死句、活句思想源于百丈怀海,他提出对于禅师语句要分清"生语"和"死语"。

他说:"须识了义教、不了义教语,须识遮语、不遮语,须识生、死语,须识药、病语,须识逆、顺喻语,须识总、别语。说道修行得佛,有修有证,是心是佛,即心即佛,是佛说,是不了义教语,是不遮语,是总语,是升合担语,是拣秽法边语,是顺喻语,是死语,是凡夫前语。不许修行得佛,无修无证,非心非佛,佛亦是佛说,是了义教语,是遮语,是别语,是百石担语,是三乘教外语,是逆喻语,是拣净法边语,是生语,是地位人前语。"② 所谓"生语"就是"遮语",即反面表达的否定性语言,如"非心非佛"。所谓"死语"就是"不遮语",即正面表达的肯定性语言,如"是心是佛"。

五代宋初的洞山守初禅师把禅师的语句分为"死句"和"活句",认为"语中有语,名为死句;语中无语,名为活句"③。其后德山缘密提出"但参活句,莫参死句"的主张。

---

① 《古尊宿语录》卷二十二《黄梅东山演和尚语录》。
② 《古尊宿语录》卷一《百丈怀海禅师广录》。
③ 《古尊宿语录》卷三十八《洞山守初禅师语录》。

《五灯会元》载:"德山缘密上堂云:'但参活句,莫参死句。活句下荐得,永劫无滞。一尘一佛国,一句一释迦,是死句。扬眉瞬目,举指竖拂,是死句。山河大地,更无淆讹,是死句。'时有僧问:'如何是活句?'师曰:'波斯仰面看。'"① 由上来看,凡是从正面表达的,因而可以用理性思维来推究和解释其意义的语句和肢体语言,都是"死句"。而非正面表达的,因而无法用理性思维来推究和解释其意义的语句和肢体语言,称为"活句"。

宗杲的看话禅汲取了缘密的主张,他强调:"夫参学者,须参活句,莫参死句。活句下荐得,永劫不忘;死句下荐得,自救不了。"② 在宗杲看来,参活句可以妙悟,故永劫不忘,参死句就会陷入思量分别的泥沼而不能自拔。在宗杲的著作中,他要人们参究的活句话头有:赵州从谂的"狗子无佛性"③、"庭前柏树子"④、"放下著"⑤、马祖道一的"一口吸尽西江水"⑥、洞山守初的"麻三斤"⑦、云门文偃的"干屎橛"⑧、

---

① 《五灯会元》卷十五。
② 《大慧普觉禅师语录》卷十四。
③ 僧问赵州禅师:"狗子还有佛性也无?"师云:"无。"学云:"上至诸佛,下至蚁子,皆有佛性,狗子为什么无?"师云:"为伊有业识性在。"(《古尊宿语录》卷十三)
④ 僧问赵州从谂:僧问赵州从谂禅师:"如何是祖师西来意?"师云:"庭前柏树子。"僧云:"和尚莫将境示人。"师云:"我不将境示人。"僧云:"如何是祖师西来意?"州云:"庭前柏树子。"(《古尊宿语录》卷十三)
⑤ 严阳尊者问赵州从谂:"一物不将来时如何?"州曰:"放下著。"师曰:"既是一物不将来,放下个甚么?"州曰:"放不下担取去。"(《五灯会元》卷四)
⑥ 庞蕴问马祖道一:"不与万法为侣者是什么人?"道一答:"待汝一口吸尽西江水,即向汝道。"(《古尊宿语录》卷一)
⑦ 僧问洞山守初:"如何是佛?"答:"麻三斤。"(克勤《碧岩录》第十二则)
⑧ 僧问云门文偃:"如何是佛?"云门答:"干屎橛。"(《古尊宿语录》卷十五)

"须弥山"①、"东山水上行"②、"露"③、首山省念的"竹篦子"④等,其中使用率最高的是"狗子无佛性"。

为了进一步强调"活句"在看话过程中的重要性,宗杲又把"活句"称作"正句",他说:"大统纲宗,要须识句。甚么是句?百不思时,唤作正句。"认为看话头必须选择正句的来参,只有那些百思不得其解的话头才是正句话头。因为只有参百思不得其解的话头,才能够消除参禅者对话头的思量分别心,回归到"无心"的状态。

(二)"按心"与"不得"

如何参话头?宗杲说:

但将妄想颠倒底心、思量分别底心、好生恶死底心、知见解会底心、欣静厌闹底心,一时按下。只就按下处看个话头:僧问赵州:"狗子还有佛性也无"?州云:'无。'此一字子,乃是摧许多恶知恶觉底器仗也。不得作有无会,不得作道理会,不得向意根下思量卜度,不得向扬眉瞬目处揲根,不得向语路上作活计,不得飏在无事甲里,不得向举起处承当,不得向文字中引证。⑤

僧问赵州:"狗子还有佛性也无?"州云:"无!"看时不用搏量,不用注解,不用要得分晓,不用向开口处承当,不用向举起处作道理,不用堕在空寂处,不用将心等

---

① 僧问云门:"不起一念,还有过也无?"门云:"须弥山。"(《五灯会元》卷十五)
② 僧问云门文偃:"如何是佛出身处?"云门答:"东山水上行。"(《古尊宿语录》卷十五)
③ 僧问云门文偃:"杀父杀母,向佛前忏悔,杀佛杀祖,向甚处忏悔?"云门答:"露。"(《古尊宿语录》卷十五)
④ 首山省念禅师竖起竹篦子云:"不得唤作竹篦子,唤作竹篦子即触,不唤作竹篦子即背,唤作什么?"(《天圣广灯录》卷十六)
⑤ 《大慧普觉禅师书·答富枢密季申第一书》。

悟,不用向宗师说处领略,不用掉在无事甲里。①

日用应缘处,才觉涉差别境界时,但只就差别处,举"狗子无佛性"话,不用作破除想,不用作情尘想,不用作差别想,不用作佛法想,但只看"狗子无佛性"话。但只举个"无"字,亦不用存心等悟。若存心等悟,则境界也差别、佛法也差别、情尘也差别、"狗子无佛性"话也差别、间断处也差别、无间断处也差别、遭情尘惑乱身心不安乐处也差别、能知许多差别底亦差别。若要除此病、但只看个"无"字,但只看。②

按宗杲所说,看话头时,逻辑地分为三步:首先"按心",即把驰求妄想心、好恶欣厌心、思量分别心等统统放在一边;进而把全部注意力集中在一个话头上;然后反复看话头,在看话头过程中,对于话头的含义不得作任何理性思维揣测、不得从语言文字上做文章、不得用挤眉弄眼来暗示,但也不能沉于空寂无知觉的状态中。总之,不能用知解禅、默照禅或其他参禅的方法对待公案话头,看话头是绝虑离相的,当对话头"意识不行,思想不到,绝分别,没理路处"③。"无处奈何,伎俩忽然尽,便自悟也"④。

宗杲上面强调的几个"不得"、"不用"是有所指的。"不得作有无会,不得作道理会,不得向意根下卜度……不得向语路上作活计……不得向文字中引证",是针对以"知见解会的

---

① 《大慧普觉禅师语录》卷第二十一《示吕机宜》。
② 《大慧普觉禅师书·答宗直阁》。
③ 《大慧语录》卷第十九《示清净居士》。
④ 《大慧普觉禅师书·吕舍人居仁第二书》。

心"推究公案、对公案进行繁复解释的禅风而发的。"不用堕在空寂处"、"不用掉在无事甲里",是针对宗杲所谓"摄心静坐,事事莫管,休去歇去"的默照禅而发的。"不得向扬眉瞬目处跺根"、"不得向举起处承当",是针对以扬眉瞬目、棒打脚踢等表情动作来表示自己的禅悟而发的。

(三) 话头上破疑情

所谓疑情,指学人在学佛修禅过程中出现的对佛教经论义理和祖师机缘语句的种种疑问、"迷闷"。宗杲认为,当种种疑问、"迷闷"出现时,不要通过继续钻研经论语句和揣摩举止动作来消除种种疑问、"迷闷","于理性上得滋味,经教中得滋味,祖师言句上得滋味,眼见耳闻处得滋味,举足动步处得滋味,心思意想处得滋味,都不济事"[1]。也不要请教他人,"不著问人,若一向问人,佛语又如何,祖语又如何,诸方老宿语又如何,永劫无有悟时也"[2]。

怎么破除种种疑问、"迷闷"呢?宗杲认为最好方法是看话头。他说:

> 疑情未破,但只看个古人入道的话头。移逐日许多作妄想的心来话头上,则一切不行矣。[3]

> 但将迷闷底心,移来"干屎橛"上,一抵抵住,怖生死底心、迷闷底心、思量分别底心、作聪明底心、自然不行也……静处闹处常以"干屎橛"提撕,日往月来,水牯牛自纯熟矣。第一不得向外面别起疑也。"干屎橛"上疑

---

[1] 《大慧语录》卷第二十九《答王教授》。
[2] 《大慧普觉禅师书·答吕舍人居仁》。
[3] 《大慧宗杲法语·示妙心居士》。

破,则恒河沙数疑一时破矣。①

千疑万疑,只是一疑。话头上疑破,则千疑万疑一时破……若弃了话头,却去别文字上起疑,经教上起疑,古人公案上起疑,日用尘劳中起疑,皆是邪魔眷属。但只举"狗子无佛性"话,佛语、祖语、诸方老宿语,千差万别,若透得个"无"字,一时透过。②

千种万种的疑问,归根到底都是一种疑问,通过看话头把全部疑问转移到话头一个疑问上,用一个话头抵挡和取代所有的疑惑,话头上的疑问破除了,那么所有的疑问也都破除了,一切经论义理、祖师机缘语句的旨意也都了悟了,"直下不疑佛、不疑祖、不疑生、不疑死"③,即在佛祖、生死等重大问题上没有疑问了。相反,如果抛弃看话头的方法,想通过钻研文字、经教、古人的公案或其他什么方法来破除疑情,只会疑情越来越多,永远也达不到破迷得悟、解脱烦恼的目的。

宗杲认为,人生最大的问题莫过于生和死的问题,人生的种种问题最终集中到生死问题上,求生怕死是人之常情;破疑情就是为了参透生死,生死参透了,就没有烦恼了,亦即解脱了。他说:"疑情不破,生死交加。疑情若破,则生死心绝矣。生死心绝,则佛见法见亡矣。佛见法见尚亡,况复更起众生烦恼见耶?"④

(四) 日用中时时提撕

---

① 《大慧普觉禅师书·答吕郎中隆礼》。
② 《大慧普觉禅师书·答吕舍人居仁》。
③ 《大慧宗杲法语·示东峰居士》。
④ 《大慧普觉禅师书·答吕郎中隆礼》。

宗杲主张看话头必须"不离日用"、"时时提撕",其含义有三:

首先,宗杲认为看话头是持续不断的工夫,必须"时时提撕、时时举觉",锲而不舍,日久月深,方能有所得。

但向十二时中、四威仪内,时时提撕、时时举觉。"狗子还有佛性也无?"云:"无。"不离日用,试如此做工夫,看月十日,便自见得也。①

但时时提撕,须是行也提撕,坐也提撕,喜怒哀乐时,应用酬酢时,总是提撕时节,提撕来提撕去,没滋味,心头恰如一团热铁相似,那便是好处,不得放舍,忽然心华发明,照十方刹,便能于一毛端现宝王刹,坐微尘里转大法轮。②

但行住坐卧时时提撕。狗子还有佛性也"无"?"无"。提撕得熟,口议心思不及,方寸里七上八下,如咬生铁橛没滋味时,切莫退志,得如此时,却是个好底消息。③

也就是说,时时刻刻把话头提在心头,行住坐卧都想着它(不是理性思辨,而是直观),想来想去,觉得没滋味,心里发热,这时不要放弃,继续坚持下去,便豁然开悟,心地如明镜一般净明,十方远近、表里精粗无不彻照。

其二,看话头不能急于求成,不能老想着觉悟的那一刻。"时时以话头提撕,莫求速效。研穷至理,以悟为则。然第一

---

① 《大慧普觉禅师书·答富枢密季申第一书》。
② 《大慧普觉禅师语录》卷第十七。
③ 《大慧普觉禅师语录》卷第二十一《示吕机宜》。

不得存心等悟,若存心等悟,则被所等之心障却道眼,转急转迟矣。"① "不得将心等悟,若将心等悟,永劫不能得悟也。"② 急于求成,欲速则不达。不急于求成,坚持不懈地看话头,久而久之,瓜熟蒂落,自然觉悟,否则永远不能觉悟。

其三,看话头要"不离日用",即把看话头融入日常生活之中。宗杲基于南宗禅"佛法在世间,不离世间觉"、"运水担柴,无非妙道"的一贯思想,指出:"佛法在日用处、行住坐卧处、吃茶吃饭处、语言相问处、所作所为处。"③ "若离日用,别有趣向,则是离波求水、离器求金,求之愈远矣。"④ 基此,宗杲针对士大夫希望摆脱世俗烦扰,于安静处专心参禅的想法,批评道:"平昔做静胜工夫,只为要支遣个闹底。正闹时却被闲底聒扰自家方寸,却似平昔不曾做静胜工夫一般耳……若将椿椿地底做静中得力处,何故却向闹处失却?"⑤ 专心于安静处参禅求静,只是为了排除世俗的烦扰,但人不可能永远在安静处参禅,总要接触社会。如果只会在静处参禅,一到闹处不就乱了方寸,原来的参禅工夫不就丧失了吗?再说,闭眼参禅求静,"开眼应物"时又怎么办呢?因此不如"静闹一如,但只透取赵州'无'字。忽然透得,方知静闹两不相妨,亦不著用力支撑,亦不作无支撑解矣"⑥。不论在静处,还是在闹处都始终如一看话头,一旦参破了话头,就知道静闹都不妨碍参禅了。而且如果真正能在闹处参破话头,其功用胜过静处

---

① 《大慧普觉禅师书·答汤丞相进之》。
② 《大慧普觉禅师书·答吕舍人居仁第二书》。
③ 《大慧普觉禅师书·答陈少卿季任第二书》。
④ 《大慧普觉禅师书·答富枢密季申第一书》。
⑤ 《大慧普觉禅师书·答刘通判彦冲第二书》。
⑥ 《大慧普觉禅师书·答刘通判彦冲第二书》。

参禅千万倍,"好静恶闹时,正好著力。蓦然闹里撞翻静时消息,其力能胜竹椅蒲团上千万亿倍"①。

宗杲还进一步从真如与万法的关系和禅的本质上阐明参禅看话头应该不离日用的道理。他说:"古德云:'随流认得性,无喜亦无忧。'净名云:'譬如高原陆地不生莲花,卑湿淤泥乃生此花。'老胡云:'真如不守自性,随缘成就一切事法。'又云:'随缘赴感靡不周,而常处此菩提座。'岂欺人哉!若以静处为是,闹处为非,则是坏世间相而求实相,离生灭而求寂灭。"②"禅不在静处,不在闹处,不在思量分别,不在日用应缘处。然虽如是,第一不得舍却静处、闹处、日用应缘处、思量分别处。"③就真如与万法的关系言,真如是万法的本性,因此真如不是离开万法的孤立存在,而是存在万法之中,离万法无真如。就禅的本质言,是内心的觉悟,而不是静坐等形式。如果认为只有静处才能修禅,闹处不能修禅,这是在世间之外而求真如实相、在生灭法外而求寂灭境界,不知真如即万法、生灭即涅槃、禅在心悟不在形式的佛教道理。因此不能把参禅局限在某种具体形式上,要把修禅贯彻到全部日常活动中去,才符合佛教的精神。

(五)"随缘放旷,任性逍遥"

宗杲认为,若能参透话头,便能获得解脱,这种解脱便是不被万境系缚,"一切由我",自主自在,"随缘放旷,任性逍遥"。他说:"忽然一句下透得,方始谓之法界。无量回向,如实而见、如实而行、如实而用,便能于一毛端现宝王刹,坐微

---

① 《大慧普觉禅师书·答曾侍郎天游第四书》。
② 《大慧普觉禅师书·答曾侍郎天游第四书》。
③ 《大慧宗杲法语·示妙证居士》。

尘里转大法轮,成就种种法,破坏种种法,一切由我。如壮士展臂,不借他力;狮子游行,不求伴侣。种种圣妙境界现前心不惊异,种种恶业境界现前心不怕怖。日用四威仪中,随缘放旷,任性逍遥。到得这个田地,方可说无天堂、无地狱等事。"《大慧普觉禅师书·答张提刑旸叔》。

参透了话头,也就证悟了万法的真如法性。这时再来面对一切事事物物,就轻松自如、"一切由我"、自由自在,不为所见所闻所思所想所左右,因此"无量回向,如实而见、如实而行、如实而用","起佛见、法见、众生见,思量分别,作聪明,说道理,都不相妨"①。

参透了话头,也就参透了生死,因此"种种圣妙境界现前心不惊异,种种恶业境界现前心不怕怖",不为妙境和恶境所左右,自由自主地做自己要做的事情,不论上天堂还是下地狱,都能泰然处之,无喜无忧。

参透话头后的状态,说穿了,就是一切皆空的世界观成了根深蒂固的潜意识,它在无形无意中指导着自己的思想言行,因此不管遇到什么事情都能自然地"不计较"、"不著意",处顺境时而不骄、处逆境时而不悲。因此不须改变自己的处境,不必改变原有的生活,在现实日常生活中,行住坐卧、待人接物,一切随缘,任性而为,安然自在。

对于学佛的士大夫来说,参透了话头,就能即世间而出世间。"如何是不坏世间相而谈实相?妙喜为尔说破。奉侍尊长承顺颜色,子弟之职当作者不得避忌,然后随缘放旷、任性逍遥。日用四威仪内,常自检察,更以无常迅速、生死事大时时

---

① 《大慧普觉禅师书·答吕郎中隆礼》。

提撕。无事亦须读圣人之书，资益性识。苟能如是，世出世间俱无过患矣。"①

士大夫是名教中人，作为名教中人，在生活中依纲常伦理行事，尽自己作为人子、作为人臣的责任和义务，是士大夫的本分，亦是人伦之情的天性使然。在此基础上随心所欲地做自己想做的事，或教子奉亲，或为官事君，或读史看经，一任自然。与此同时，常常内省自己，把佛教的无常观、生死观时时放在心头提撕。那么，虽然不出世，而与出世无异。相反，如果认为剔除须发，穿上袈裟，才能学佛，那是毁灭人的天性人伦，做名教罪人。"在火宅中打得彻了，不须求出家，造妖捏怪，毁形坏服，灭天性绝祭祀，作名教中罪人。佛教不教人如此。"②

四、看话禅的意义

看话禅由于宗杲的大力提倡而成为后世主要参禅方法并影响至今。其所以如此，主要是看话禅提供了一种有别于当时流行的各种禅法的新的参禅方式，它既体现了六祖慧能开始，经洪州禅、临济禅进一步弘扬的"即心是佛、无心是道"的一贯主旨，又有助于克服当时其他禅法的流弊，是禅宗继续流传的内在需要，同时也适应了士大夫参禅的需要。

中国禅宗兴起后，发展延续到宗杲所处的时代，理论上的辉煌时期已经过去，虽然表面上分门别派，五花八门，但理论上几乎毫无创意，各种参禅方法大多流于形式。或崇尚文字

---

① 《大慧宗杲法语·示曾机宜》。
② 《大慧宗杲法语·示真如道人》。

禅，以文字华美、文意玄奥为追求，把参禅者引入文字游戏的迷宫，南宋净善编《禅林宝训》指出文字禅的流弊说："今后生晚辈，戒律不持，定慧不习，道德不修，专以博学强辩，摇动流俗，牵之莫返，予固所谓斯言乃万世之害也。"或热衷于棒喝，随意乱打乱喝，以掩饰自己内心的空虚。或一味静坐为参禅的唯一方式。凡此种种流弊，必将使禅宗失去生命力与吸引力。宗杲感叹道："迩来祖道衰微，此流如麻似粟，真是一盲引众盲，相牵入火坑，深可怜愍。"①

宗杲提倡的看话禅，在形式上"只看话头"，避免了文字禅的学究式烦琐，摒弃了棒喝的滥用，克服了默照禅的刻板；在宗旨上以"无心是道"的"妙悟"为"极则"，截断了对文字公案的臆测歧解，防止了滥用棒喝的空虚，克服了默照禅的沉空。法藏称"大慧一出，扫空千古禅病，直以祖师一句话头，当下截断意根"②。看话禅既不失传统禅宗的一贯宗旨，又使参禅更加简捷方便，时时处处都可以参禅，可以使参禅与日常活动打成一片，为禅宗的广泛流传提供了简便易行的方法。正因为如此，看话禅在一定程度上振兴了禅宗，宗杲因此被誉为"临济中兴"之师。③

宗杲极力主张看话禅在很大程度上也是为了适应士大夫参禅的需要。唐宋之时士大夫与禅宗高僧的结交多不胜举，著名者如晚唐的裴休与黄檗希运，北宋的苏轼与佛印、黄庭坚与灵源惟清、张商英与圆悟克勤，等等。宗杲所处的两宋之际，民族危亡、社会动荡、政局变幻，逃避混乱的现实，寻求心灵的安宁，

---

① 《大慧普觉禅师书·答富枢密季申第一书》。
② 法藏：《三峰汉月藏禅师语录》。
③ 吴自牧：《梦粱录》卷十一。

成为很多士大夫的心理需要，因此参禅之风盛行于士大夫之中。仅《大慧书》记载的，以书信向宗杲请教参禅的士大夫就有四十名之多，其中既有宰相、参政、枢密等朝中重臣，又有节度使、知县、团练使等地方官僚。由此可以想见当时士大夫参禅之风气。

然而在宗杲看来，士大夫参禅普遍存在着几种通病：其一，"好静恶闹"，闭门静修，以此逃避混乱的现实。其二，重"口议心思"，不重实悟。"士大夫学道，多不著实理会，除却口议心思，便茫然无所措手足。"① 其三，自作聪明，"知见太多"。"士大夫学此道，不患不聪明，患太聪明耳。不患无知见，患知见太多耳。"②

宗杲认为，"好静恶闹"，闭门静修，放弃了士大夫忠孝节义等社会人伦的责任和义务，不应该是士大夫所为；自作聪明，"知见太多"，"口议心思"，必然陷入"种种邪解"，"障道必矣"。而克服士大夫这些通病的最佳方法是"看话头"。"看话头"不分静处闹处都可以进行，把世间和出世间统一起来，在忠君孝亲、享受荣华富贵、尽社会之责和人伦之情的同时，又能消除内心的烦躁和苦恼。"看话头"能截断知见情识，防止陷入种种邪见妄解，直悟佛道，既简便又踏实。因此"看话头"是士大夫学佛参禅的最适合的方法。可以说，宗杲极力倡导"看话头"的参禅方法，不仅是出自于临济宗立场同曹洞宗争夺一般普通信徒和避免当时禅法流弊，在很大程度上更是为适应士大夫的参禅需要而提倡的。宗杲的良苦用心没有白

---

① 《大慧普觉禅师书·答张提刑旸叔》。
② 《大慧普觉禅师书·答李郎中似表》。

费,在客观上确实赢得了士大夫的欣赏。即使在他遭流放期间,士大夫等俗家信徒问道者也络绎不绝,他遇赦回宁波阿育王寺,"裹粮问道者万二千指,百废并举,檀度响从,冠于今昔"[1]。由于士大夫的拥护,宗杲成为"道价愈光,法嗣日盛,天下学禅者仰之如泰山北斗"[2] 的一代宗师。佛教也因为在士大夫的积极参与推动下,加速了世俗化的进程。

---

[1] 祖咏:《大慧普觉禅师年谱·绍兴二十七年》。
[2] 祖琇:《僧宝正续传》卷六。

主要参考文献

一、参考书目

1. ［宋］蕴闻：《大慧普觉禅师语录》，《中华大藏经》本，中华书局，1981年版。

2. ［宋］蕴闻：《大慧普觉禅师语录》，《佛光大藏经》本，佛光出版社，1996年版。

3. ［宋］赜藏主：《古尊宿语录》，萧萐父、吕有祥校点，中华书局，1994年版。

4. ［宋］普济：《五灯会元》，苏渊雷校点，中华书局，1982年版。

5. ［宋］道元：《景德传灯录》，《中华大藏经》本，中华书局，1982年版。

6. ［元］脱脱等：《宋史》，中华书局，1982年版。

7. ［宋］祖琇：《僧宝正续传》，《中华大藏经》本，中华书局，1981年版。

8. ［日］荒木见悟：《禅的语录·大慧书》，日本筑摩书房，1969年版。

9. 潘桂明：《中国居士佛教史》，中国社会科学出版社，

2000 年版。

10. 邓克铭：《大慧宗杲禅师之禅法》，东初出版社，1990 年版。

二、参考论文

1. 方立天：《文字禅、看话禅、默照禅与念佛禅》，《中国禅学》2002 年第 1 卷。

2. 魏道儒：《宋代禅学的主流——宗杲的看话禅体系》，《中国社会科学院研究生院学报》1991 年第 2 期。

3. 皮朝纲：《大慧宗杲、"看话禅"与禅宗美学》，《四川师范大学学报》1995 年第 3 期。

4. 伍先林：《宗杲的三教合一思想》，《佛学研究》2000 年第 2 期。

5. 龙先东：《宗杲看话禅初探》，《南都学坛》2001 年第 2 期。

6. 杨白衣：《看话禅之研究》，《世间解》2001 年第 4 期。

7. 蒋义斌：《大慧宗杲看话禅的疑与信》，《世间解》2001 年第 4 期。

后　记

本书是在《中国禅宗典籍丛刊》主编杨曾文教授的关心指导下完成的。杨曾文教授是我的佛学启蒙老师。1979年我在中国社会科学院世界宗教所进修时，杨教授曾为我辅导佛学，成为我研习佛学的起点。此后多年来杨教授以老师和长者的情怀一直关心着我，给予多方面的帮助。2001年杨教授寄来《大慧书》和日本学者荒木见悟的《禅的语录·大慧书》日文译注资料，嘱我把《大慧书》校注出来，并提出了校注的方法和要求。由于教学和其他科研任务的挤压，我在对《大慧书》作了标点后，交由研究生吴隆升来作。吴隆升对《大慧书》作了校注，辑录注释了"大慧宗杲生平思想资料"，并以《大慧书》为中心对大慧宗杲的禅学思想作了疏理，完成了初稿。我在此基础上作了全面修订和改写。因此，本书是在杨曾文教授关心指导下，我和吴隆升共同完成的。在此对杨教授的关心指导表示真诚的感谢！

在本书的修改过程中，中国佛教文化研究所的伍先林博士传来他的论文《试论宗杲看话禅的特色》，深受启发。在此对伍先林博士表示谢意！

由于学识所限，本书难免不当之处，若得方家赐正，不胜感激！

吕有祥
2006 年 4 月 26 日